第三方物流能力要素与企业绩效关系

——以淮海经济区制造企业与物流企业为调查样本

张中强　张　晶　权　泉　张萌萌　刘　洁　著

中国财富出版社有限公司

图书在版编目（CIP）数据

第三方物流能力要素与企业绩效关系：以淮海经济区制造企业与物流企业为调查样本 / 张中强等著 . —北京：中国财富出版社有限公司，2024.3

ISBN 978 - 7 - 5047 - 6517 - 8

Ⅰ . ①第⋯　Ⅱ . ①张⋯　Ⅲ . ①第三方物流 - 关系 - 企业绩效 - 研究　Ⅳ . ①F253 ②F272.5

中国国家版本馆 CIP 数据核字（2023）第 252578 号

策划编辑 黄正丽		**责任编辑** 刘 斐　郑泽叶		**版权编辑** 李 洋	
责任印制 尚立业		**责任校对** 庞冰心		**责任发行** 敬 东	

出版发行	中国财富出版社有限公司	
社　址	北京市丰台区南四环西路 188 号 5 区 20 楼	**邮政编码**　100070
电　话	010 - 52227588 转 2098（发行部）	010 - 52227588 转 321（总编室）
	010 - 52227566（24 小时读者服务）	010 - 52227588 转 305（质检部）
网　址	http：//www.cfpress.com.cn	**排　版**　宝蕾元
经　销	新华书店	**印　刷**　北京九州迅驰传媒文化有限公司
书　号	ISBN 978 - 7 - 5047 - 6517 - 8/F · 3621	
开　本	710mm×1000mm　1/16	**版　次**　2024 年 3 月第 1 版
印　张	5.5	**印　次**　2024 年 3 月第 1 次印刷
字　数	90 千字	**定　价**　48.00 元

前　言

近几年，制造业与物流业的联动发展已成为促进我国制造业结构升级、物流业转变发展模式的关键因素，2018 年，国务院把制造业与物流业联动发展工程上升为国家战略层次。制造业与物流业联动发展的实质，就是制造业与物流业共同致力于物流业务问题的解决。制造企业将物流业务外包出去，是解决这一问题的有效手段之一。

作为揽接制造企业物流外包业务的第三方物流（Third Party Logistics，3PL）能力要素有哪些？第三方物流能否满足制造企业的物流外包需求？这些能力要素中哪种能力对第三方物流企业绩效影响更大？第三方物流应该更具针对性地提高哪些能力？只有摸清这些问题，我国的第三方物流才能迅速地提升自身能力，快速转型为适合我国制造业的供应链物流企业。

针对这些问题，本书首先结合文献进行理论梳理，提出面向制造企业的物流外包需求框架；其次从物流需求方即制造企业视角出发，以我国淮海经济区制造企业为调查样本，构建第三方物流能力要素模型，并对第三方物流能力要素进行评价，找到其与制造企业物流需求之间的差距；最后构建第三方物流能力要素与企业绩效关系测量模型，对第三方物流各项能力要素与企业绩效关系程度分别进行研究，明确提出第三方物流能力要素的构建与发展必须面向制造企业的物流外包需求，并为之找到行之有效的第三方物流能力提升途径。

本书主要包括以下内容。

（1）制造企业的物流外包需求框架建立与需求分析

本部分基于制造企业视角，构建了制造企业物流外包需求框架，明确了物流外包需求框架的主要内容，包括降低物流成本、提高物流服务、扩充人力资本这三类需求，并进一步对这三类需求进行了内涵阐述及细化分类。提出降低物流成本需求主要是成本节约需求，提高物流服务需求可分为技术处理需求与信息化需求，扩充人力资本需求可分为人力资源需求与经验关系需求。

（2）面向制造企业需求的第三方物流能力要素模型构建与评价

本部分以我国淮海经济区制造企业为调查样本，站在物流需求方即制造企业的角度，构建了第三方物流能力要素模型，评价了我国第三方物流的能力要素状况，找到了现阶段我国第三方物流能力要素与制造企业对服务外包需求之间的差距。

（3）第三方物流的能力要素与企业绩效关系分析

本部分在构建第三方物流能力要素与企业绩效关系测量模型的基础上，以我国淮海经济区物流企业为样本，采用调查问卷方式，进行实证分析，得到了第三方物流企业能力要素与企业绩效之间的关系，并明确了与企业绩效密切相关的能力要素，以此作为第三方物流企业制定能力提升策略的参考依据。

目　录

1 绪论

1.1 问题的提出

随着服务经济时代的到来，服务业在国民经济中扮演着越来越重要的角色，成为促进经济增长和吸纳就业的核心力量。现代物流业是服务业的重要组成部分。现代物流业融合了运输业、仓储业、货代业和信息业等，在国民经济发展中占据着重要地位。物流业所涉及的领域非常广泛，吸纳就业人数多，在国民经济中起到促进生产和拉动消费的重要作用，在促进产业结构调整、转变经济发展方式和增强国民经济竞争力等方面都能够发挥重要作用。第一，物流业在国民经济中的基础作用是实现商品流通。物流是商品流通过程中要解决的物质变换过程的具体体现，物流业的发展程度直接决定着商品流通的规模和速度。商品流通的效率和成本决定着一个企业的市场竞争力和一个国家的商品竞争力。第二，物流业的发展程度直接制约生产力要素的合理流动，直接制约资源的利用程度和利用水平，影响资源的配置。如果物流不畅，即便拥有资源优势，也会由于物流条件的限制而无法转化为商品优势进入流通过程，最终成为制约生产发展和产品商品化程度的重要因素之一。第三，物流业是国民经济各个产业门类中的重要组成部分，与经济总体发展息息相关。中国经济快速增长带来旺盛的物流需求，未来国内经济总体上仍将保持较高速的增长，物流规模持续增长的经济条件非常坚实。随着工业化带动产业结构升级，物流外包的规模会越来越大，这将有助于刺激物流企业提升服务水平及扩大产能。

中国物流业发展处在一个重要的时刻，物流业将逐渐成为我国的支柱产业。制造业物流作为物流服务中最重要的组成部分，在物流市场中所占份额最大。制造业物流已成为拉动我国社会物流总额增长的主要力量，制造业物流在国民经济发展中占据重要地位。当前，我国制造业物流发展相对滞后，物流企业虽数量庞大，但中小物流企业占大多数，无序竞争和追逐短期利益现象普遍存在。很多物流企业没有真正形成一切以满足客户需求为中心和全面提升客户价值的服务创新理念，创新能力不足，难以提供附加值高的物流服务，很难与制造企业形成真正的供应链伙伴关系。基于此，本书以物流服务的供给方即第三方物流企业为研究对象，以物流服务的需求方即制造企业为研究视角，探索第三方物流企业如何提升自身能力，解决制造企业的真实物流需求。

1.2　研究目的与意义

本书在明确第三方物流的兴起源于制造业供应链的物流需求，即第三方物流的本质是供应链物流这一基本观点的前提下，以淮海经济区制造企业与物流企业为调查样本，以服务需求理论、现代物流理论等为理论研究基础，分析制造企业的物流外包需求，以及面向这些需求的第三方物流能力要素与企业绩效的关系程度，站在物流需求方即制造企业的角度，构建第三方物流能力要素模型并进行评价，找到行之有效的第三方物流能力提升途径。这将为我国物流服务企业更清晰地认识自身能力发展方向、强化竞争力、加速转型提供有力的理论依据和决策参考。

1.3　研究的主要内容

（1）制造企业的物流外包需求框架建立与需求分析

制造企业能否专注于自身的核心业务、提高企业运营效率是企业在竞争中存活与发展的关键。制造企业运营效率的提高，一个重要的环节就是改善库存等物流活动的管理水平，专业的物流公司能为制造企业带来更高的物流管理水平，因此越来越多的制造企业把物流活动外包给专业的物流公司。

揽接制造企业的物流外包业务，解决制造企业的物流问题，是现代物流兴起的重要源泉。现代物流是生产性服务业，制造企业是现代物流的主要服务对象。作为物流服务商，在市场竞争日益激烈的当今，必须清楚地辨别服务对象的真实需求。

本部分基于制造企业视角，构建了制造企业物流外包需求框架。提出物流外包需求总体包括降低物流成本需求、提高物流服务需求、扩充人力资本需求三类。其中降低物流成本需求即成本节约需求，是指制造企业通过物流外包使企业在运输、仓储、逆向物流、物流管理等业务活动过程中产生的成本占营业额的比例尽可能降低；提高物流服务需求是指制造企业通过物流外包使企业能在恰当的时间，以正确的货物状态，伴随准确的商品信息，将商品送达准确地点的物流服务质量的不断提高，按照满足此需求的手段进行分类，可分为技术处理需求与信息化需求；扩充人力资本需求是指具有扩充本企业欠缺的物流市场需要的人力资源与经验关系，具体可分为人力资源需求与经验关系需求。

（2）面向制造企业需求的第三方物流能力要素模型构建与评价

从国外实践证明来看，制造企业的物流业务外包给专业的第三方物流公司，要优于企业自营物流的工作绩效。与日本及欧美发达国家相比，我国制造企业将物流服务外包给第三方物流企业的比例并不高。我国的制造企业没有大面积外包物流服务的原因是什么呢？制造企业作为物流服务消费者对我国第三方物流的揽接能力是如何评价的呢？

本部分基于物流需求方即制造企业的角度，以我国淮海经济区制造企业为调查样本，了解我国第三方物流的能力要素状况，找到第三方物流的能力要素的不足之处，进而作为我国第三方物流企业提升能力要素的参考依据。同时，本部分对所构建的第三方物流能力要素模型进行进一步分析，研究得到我国第三方物流的揽接能力与制造企业对服务外包需求的差距。

（3）第三方物流能力要素与企业绩效关系研究

制造企业是现代物流的主要服务对象。在制造企业释放物流外包需求的时候，作为物流服务商，必须具备满足服务对象需求的揽接能力。这些揽接能力必定会影响第三方物流的企业绩效。

本部分将以淮海经济区制造企业与物流企业为实证研究对象，采用调查问卷方式，进行实证分析，得到第三方物流能力要素与企业绩效之间的关系，并明确与企业绩效密切相关的能力要素，以此作为第三方物流企业制定能力提升策略的参考依据。

本部分按照制造企业需求框架把能力要素细化为五个描述变量，把考察企业绩效的构成变量确定为企业服务绩效（速度、质量、反应、顾客满意度等）与企业财务绩效，同时进一步分析了各描述变量与企业绩效构成变量（企业服务绩效与企业财务绩效）之间的关系，找到了各变量与企业绩效的相关性。

第三方物流能力要素与企业绩效关系测量模型如图 1-1 所示。

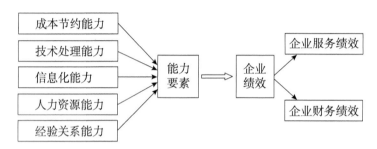

图 1-1 第三方物流能力要素与企业绩效关系测量模型

1.4 主要创新点

本书通过对淮海经济区制造企业与物流企业的调查研究与实证分析，取得了以下几点实践创新。

（1）以制造业视角重新界定了第三方物流的核心能力范畴。第三方物流的兴起源于制造业供应链的物流需求，即第三方物流的本质是供应链物流。本书跳出传统物流服务业的视角，站在供应链物流需求方即制造企业的角度构建制造企业物流外包需求框架。

（2）以制造业视角构建了第三方物流能力要素模型。本书站在物流需求方即制造企业的角度，以我国淮海经济区制造企业为调查样本，提出了第三方物流能力要素模型的具体构成，包括成本节约能力、技术处理能力、信息化能力、人力资源能力、经验关系能力五个方面。该模型为我国第三方物流企业的核心能力建设提供了系统的框架与路径。

（3）构建了第三方物流能力要素与企业绩效关系的测量模型。本书以淮海经济区物流企业为样本，采用调查问卷方式进行实证分析，构建了第三方物流能力要素与企业绩效关系的测量模型。该模型定义了各能力要素的描述变量，分析了各描述变量与物流企业绩效构成变量（企业服务绩效与企业财务绩效）之间的关系，找到了各变量与企业绩效的相关性。以此作为第三方物流制定能力提升策略的参考依据。

1.5　研究方法与思路

1.5.1　研究方法

本书将采用理论分析与样本调查分析相结合的研究方法。现将有关分析方法说明如下。

一是文献分析和理论推导。经过文献梳理和理论推导，提出制造企业的物流外包需求框架，以及第三方物流能力要素及能力提升途径的相关概念与构成，构建第三方物流能力要素模型、第三方物流能力要素与企业绩效关系测量模型等。

二是问卷调查法和深度访谈法。运用问卷调查和深度访谈，提升研究成果的指导性。本书以我国淮海经济区制造企业与物流企业为调查对象，了解第三方物流企业能力要素与企业绩效的关系。开展问卷调查的同时，结合深度访谈法，到具有代表性的制造企业与物流企业进行实地考察，采用召开小型座谈会的形式，对制造企业、物流产业园区、第三方物流企业相关人员进行访谈，获取第一手资料。

1.5.2　研究思路

首先，通过文献和理论梳理，提出制造企业的物流外包需求框架。其次，站在物流需求方即制造企业的角度，以我国淮海经济区制造企业为调查样本，构建第三方物流能力要素模型，对第三方物流的能力要素进行评价。最后结合面向这些需求的第三方物流能力要素与企业绩效的关系程度的研究，明确第三方物流的能力要素的构建与发展必须面向制造企业的物流外包需求，并找到行之有效的第三方物流的能力要素提升途径与建议。本书具体技术线路如图1-2所示。

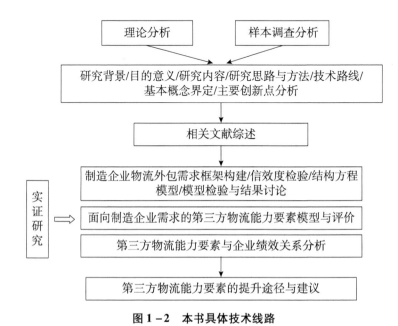

图1-2 本书具体技术线路

2 文献综述

物流肇端于美国，美国物流的发展代表着世界物流发展的最高水平。因此，美国对物流的解释具有比较高的权威性和代表性。

1985 年，原美国物流管理协会正式将名称由 National Council of Physical Distribution Management（物流管理行业组织，NCPDM）改为 Council of Logistics Management（美国物流管理协会，CLM），改名的理由是 Physical Distribution（实体分配）的领域较窄，而 Logistics（物流）的概念较连贯和宽泛。该协会对物流（Logistics）的定义是：物流是为满足消费者需求而进行的对货物、服务及相关信息从起始地到消费地的有效率、有效益的流动与存储的计划、实施与控制的过程。该协会于 1998 年针对 Logistics 再次发表新的定义，认为物流是在供应链中，为了满足客户的要求，对产品、服务和相关信息，自供应起点到消费地之间实施高效率和低成本的正向及反向的流动和储存，进行的规划、执行和控制动作。

"物流"一词最先见于日本，是日本语对"Physical Distribution"翻译的缩简。此后，该词广泛传入我国及其他使用汉字的国家与地区。

各个国家对物流的研究都表现出了极高的兴趣与热情。物流研究一时成为全球经济管理领域研究的热点。

本书依据研究内容，从中外文数据库收集与整理了和第三方物流与制造业物流外包、物流服务能力与评价、组织学习与社会资本等相关的文献进行评述，为本书提供理论指导和研究基础。

2.1 第三方物流与制造业物流外包

Sheffi Y.（1990）对第三方物流的定义为"对单一公司提供全部或部分

物流功能的外部供应者"，同时提出第三方物流公司与传统运输业者营运方式的不同在于：①整合一个以上物流机能活动；②第三方物流公司代替客户做存货管理，但存货管理不同于仓储；③提供顾客服务所使用的物流设备，其固定资产部分可以由第三方物流公司控制；④具备全面的物流服务能力，可提供全部人事及管理服务；⑤附加价值的提供，如物流加工、存货管理、生产调配及拆/拼装服务等。

Rao K. 等（1999）在文献中这样叙述：许多公司早已通过委托外部公司来提供特殊服务，如货物运输及仓储，这种关系的典型特色是双方以交易为基础而且受雇的公司往往只具有单一的功能。然而，现代的第三方物流往往以长期的承诺以及多种功能或程序管理为基础，能够向雇用者提供更多的附加价值，因而成为改善物流技术中相当重要的一环。

Murphy 和 Poist（2010）将第三方物流定义为"在企业货主委托者与第三方专业物流之间的互动，存在着更多符合顾客需求的服务，包含较广泛的服务功能，具有较长远的双方互利与互相依赖的伙伴关系"。

Lambert 和 Stock（1998）将物流外包定义为一个组织团体雇用另一个外部物流组织团体，提供一种在传统上是自己提供的物流服务，同时第三方物流公司以效率专家立场提供一些在该组织可能没有的利益或服务。

Lambert 和 Stock 认为社会商业愈趋现代化及国际化，企业专业分工现象越来越明显，企业为实现持续成长，将主要资源用在加强核心能力，而往往将非核心能力，尤其是复杂的物流作业外包给专业物流公司，以提升竞争能力及顾客服务水平。

Lambert、Emmelhainz 及 Gardner（1999）谈到全部或部分利用第三方物流公司进行物流营运服务的组织数量正在增加。

根据 Sandor Boyson（1999）的研究，企业在诸如仓储运营、包装、订单处理/完成、运费支付/审计等常规物流职能方面已有较长久的外包经历，但最近被外包出去的物流功能/系统则包括那些计划更集中和要求动态建模的物流职能，如库存管理、物流信息系统、选择承运人和费率谈判等。造成这些新变化的原因主要是相对高水平的物流外包、货主越来越了解有效利用供应链信息的好处，目前运输市场中的激烈竞争使运价大为降低也是造成企业物流外包的重要因素。

2010 年由 Lieb 指导进行的第三方物流公司的工业调查显示，工业企业平均付给第三方物流公司的费用占后勤物流预算的 25%，相对高于 1998 年和 1999 年 19% 的平均值。

美国《财富》杂志报道，在 2010 年全世界年营业额在 5000 万美元以上的公司中，大约有 60% 的公司在某些范围内使用制造业物流外包的方式。业务外包后，物流开支减少。当管理层选择使用第三方物流公司提供部分或全部的物流活动，公司将会与该第三方物流公司达成长期的伙伴关系。2013 年，长期的伙伴关系使双方获得了效率的改善、获利率的提升与客户服务的改善，当合作成功时，这样的合作关系将带给双方一种具有竞争性的优势。这种伙伴关系即在相互信任、共担风险、达成竞争性优势的基础下的客制化事业关系。

由以上观点可知，第三方物流是一种设施与服务的集合体，在商品的实体配销过程中扮演集中、分配的角色，具备订单处理、仓储管理、流通加工、拣货配送等功能，甚至扩大至寻找客源、拥有最终通路、采购、产品设计及开发自有品牌等延伸功能。第三方物流增加了社会物流的专业化水平，对社会物流整体效率的提高起到了很大的作用。而物流外包是指企业货主将组织内的物流营运作业相关活动，委托给第三方物流公司进行规划与服务，并在互信、利益与风险共享的基础上，形成策略伙伴关系的经营模式。从这个角度讲，第三方物流即社会化的外包物流。

Navas Deb. 于 2019 年以第三方物流观点论述了这种物流外包形式的积极意义。他指出，第三方物流提供了供应链和顾客关系管理、电子商务及区域物流的合作平台，并在文中就美国在第三方物流的基础上开始了远程区域和少于最低起运量运输的改革经验，论证了发展第三方物流对区域物流发展的重要性。

Katrien Ramaekers 等（2012）则认为第三方物流的管理层不得不应对一些无法确定的因素，如领先时间、运输时间以及其他无法预期的资源和变量。管理层不得不考虑这些不确定因素。他们提出通过模拟可以帮助管理层进行决策，利用设计模拟实验和表面反应，最重要的现象可以被找出，管理层的行为决策对执行的影响也可以估计出来。

国内外针对制造企业物流外包的研究主要从以下四个角度展开。

（1）资源理论角度。Quinn 和 Hihner（2013）认为核心业务和战略资源外包有助于企业管理层通过最大效能地运作公司技术资源在竞争激烈的消费者市场中保持竞争优势，并指出战略性资源外包是培育企业核心能力、提高企业技术创新能力和经济效益的资源管理策略和组织设计方法。李小卯等（2017）指出战略性资源外包的主要目的是：①集中企业的优势资源到有发展潜力的业务过程上；②最大限度地利用外包商的资源，如资金、创新能力和技能等；③通过优化资源供应渠道，保障企业生产所需的资源供应；④通过引进吸收服务商的管理理念、管理模式和管理技术，实现企业文化的重建。

黄玉华（2017）根据资源基础理论指出，物流外包是一种战略选择，可以弥补企业在物流资源和能力上的缺陷，企业可以充分利用第三方物流企业的资源优化企业的物流成本并提高物流运作效率，为提高顾客服务水平、获利能力及竞争优势奠定基础。可见，物流服务外包作为一项战略决策，对企业借助外包优质资源弥补本企业物流能力的"短板"、提升企业核心竞争力有重要意义。

（2）价值链理论角度。Jiang 等（2014）从价值链理论角度对日本制造业在 2004—2012 年的数据进行研究，研究结果表明核心业务外包、离岸外包和短期外包对外包公司的市场价值有积极作用。Kholekile L. 等（2018）采用波特价值链分析模型作为理论框架，系统地追踪并验证了制造业和零售业企业的 IT 业务外包过程中的增值现象，指出如果业务外包后没有效率的提高，则外包的积极影响是有限的。黄健（2020）认为价值链分析能使公司的市场竞争方式始终和最优的价值链结构保持一致，价值链上的适当重组有助于很好地解决传统决策问题，并给公司带来巨大收益，这也有利于带来信息技术（IT）外包的成功。白晓娟等（2012）将全球价值链理论引入物流外包领域，提出了物流价值链构想，为物流服务外包决策提供了理论参考。从业务外包的蓬勃发展，到物流服务外包价值理论的积极探索，无不暗示着物流服务外包将给企业价值链带来新的增长点。

（3）核心竞争能力角度。李华焰、马士华（2015）分析了大规模定制生产条件下供应链企业外包战略的核心竞争优势，并结合企业内部条件和外包业务的财务影响力对外包战略选择进行了研究。吴锋、李怀祖（2016）将制造规范概念引入外包决策，从企业长期绩效和长期竞争力方面寻求切入点，提出以制造规范核心度和流失度为控制变量的二维外包决策模型。同时，他们还分析了影响企业核心竞争力的三类不同层次要素，即资源、产能与能力。阮和兴（2019）认为如果物流活动不构成企业核心能力的一部分，应考虑将物流功能外包。该观点进一步支撑了制造企业物流服务外包的必要性。

（4）交易成本理论角度。Vining 和 Globeman（2011）从交易成本理论角度出发，认为在自制和外包的两种选择中存在三种成本：生产成本、谈判成本和机会成本，而以上三种成本之和最小，就是做出外包选择的依据，但该方法可能导致企业的核心业务或关键业务被外包出去的严重后果。纪志坚等（2016）以交易成本理论为基础，从企业资产专用性、能力强度以及规模大小的角度对企业外包进行了实证分析。其观点进一步证明了制造企业的物流服务外包的必要性。因为制造企业的物流资产专用性、物流能力强度和物流规模均无法与物流服务商相比，为得到同等水平的物流服务，制造企业自营物流的成本往往会高于物流服务企业的成本。制造企业在转型升级过程中，自营物流服务往往同时面临着物流资源不足、物流价值链管理和构建复杂、物流服务难以形成企业核心竞争力或核心竞争力的组成部分以及自营物流成本高等诸多问题，在此背景下选择物流服务外包不失为明智的抉择。

2.2　物流服务能力与评价

从国际范围看，物流服务企业能力的研究始于20世纪90年代初期，相关研究集中表现为物流服务能力的概念及作用、物流服务能力的构成与评价两个方面。

（1）物流服务能力的概念及作用

国外学者对物流服务能力（物流能力）最初的研究，源于对一些著名公司成功原因的好奇，如沃尔玛公司所拥有的越库（Cross-docking）物流系统能力对它的公司绩效有显著的影响。随着物流"第三利润源泉"地位的凸显，针对物流能力与公司绩效的研究受到了广泛关注。Amit 和 Schoemaker（1993）认为企业物流能力是企业利用物流资源实现物流预期结果的能力。Daughery 和 Pittman（1995）从资源观角度认为物流能力是企业资源的重要组成部分，包括企业拥有和掌控的所有资产、能力、企业标志、组织过程、知识、信息等。Morashetal（1996）认为物流能力具备递送可靠性、对目标市场的反应性、配送覆盖广泛性及选择性、售前及售后服务性等特性，能降低物流配送总成本，为企业创造竞争优势。Stanley E. Fawcett（1997）认为物流能力与企业资源密切相关，主要包括信息系统能力、运作计划能力和规模效应等，为保持竞争优势，企业必须使由物流资源形成的物流能力成为供应链高效运作的关键。Murphy 和 Poist（2010）认为物流服务能力是把企业推向高绩效水平的驱动器。Netessine（2010）等指出，为个性化及多样化市场提供服务的物流企业主要依靠自身的特殊柔性能力。Lynch、Keller 和 Ozmeng（2010）认为物流能力包括处理能力和价值增值能力，物流能力和物流战略的内在联系及其匹配程度最终决定企业绩效。Donald J. Bowersox 和 David J. Closs（2012）认为物流服务能力是在尽可能低的总成本下，提供尽可能高的、具有竞争优势的顾客服务，体现物流服务是基于顾客导向和成本视角，强调物流两个使命：一个是最优服务，为适应顾客与众不同的偏好和购买潜力，要求企业必须提供与之相匹配的服务；另一个是总成本最小化，即物流需要追求总成本最小化，或物流服务是实现服务优势和服务成本的一种平衡。Kee Hung Lai（2014）认为物流服务能力是物流企业为满足客户物流需求而追求更好的服务绩效，并创造和配置资源的能力。Sameer（2018）认为物流能力是构建有效的快速响应系统来满足顾客需求的能力。

在国内，汪鸣、冯浩（2012）认为物流能力是指物流服务企业的计划、控制及实施能力。谭清美等（2013）认为物流能力是指提供物流服务的能力。胡双增（2013）认为物流能力是企业对从市场到生产作业及供应商整个过程的管理和协调，即满足顾客需求支持保障的能力。据泽钧（2013）认为物流能力是一个宏观慢变量，标志着竞争力强弱的有序结构，是物流系统有序化过程的序参量，是在仓储、运输、包装、流通加工等物流环节上所形成的一种能力。马士华等（2014）认为物流能力是指企业物流活动的各类资源、物流技术及管理方法，其中物流设施设备或物流系统容量能力是狭义上的物流能力，而综合物流功能及水平，即企业物流运作能力，是广义上的物流能力。姜继峰、刘志学（2018）认为物流能力包括物流硬件能力（如运输、仓储、加工、配送等方面的能力）和物流软件能力（如知识、管理、公关等方面的能力），物流服务能力是物流企业利用所拥有或控制的资源来满足顾客物流需求的能力。宋伟（2012）认为物流能力是通过网络设计、运输信息系统与存货仓储的协调及材料搬运与包装等活动来实现，以满足物流需求的能力，体现为物流全过程的总体能力。

（2）物流服务能力的构成与评价

在国外，早在1995年，密歇根州立大学全球物流研究团队认为物流能力包含敏捷能力（Agility）、整合能力（Integration）、配置能力或定位能力（Positioning）、测量能力（Measurement）4个维度，物流能力有一般性、普遍性、动态性和关联性4个目标、17个构成要素、32种度量物流能力的具体指标。Daugherty、Stank和Ellinger（1998）认为物流服务能力是为客户服务及对客户响应性和订单周期的运作能力，构成物流配送服务能力的要素有满载率、订单履行率、递送频率及其准时性、周转时间长短及其一致性、先进运输技术的运用、交流问题和变更、货物准确性、所用的承运人和定制化服务等。Zhao等（2013）指出客户导向的物流服务能力与物流企业服务绩效水平呈正相关，主要包括等级服务、关联性、可靠性和灵活性。Lu等（2016）认为客户响应、灵活经营、规模经济及创新4个方面的能力构成物流能力，其中最重要的是客户响应。Memedovic（2018）认为物流能力有几个基本指标，即传统基础设施适应性与现代化基础设施、贸易便利性与物流服务及管理基础。Zhang JJ（2019）从供应链角度提出物流服务能力模糊评价模型。

在国内，王魏等（2014）运用模糊综合评判法对整车物流企业能力进行量化评判和分析，并构建整车物流企业能力评价指标体系。马士华、陈铁魏等（2014，2017）认为物流要素能力和物流运作能力是物流能力评价的两个方面。通常用流通与覆盖两个指标来评价物流要素能力，用物流服务水平与物流成本控制两个指标来评价物流运作能力。闫秀霞（2016）从物流要素能力与物流运作能力两方面来评价物流服务能力，并提出基于支持向量机的物流服务能力评价方法。刘明菲等（2016）、王侃昌等（2016）、李振等（2017）、吴夷等（2019）分析了物流能力成熟度。刘明菲等（2016）认为供应链物流服务能力包括初始级、基本级、定义级、管理级和优化级，并利用坐标测量机原理（简称 CMM 原理）分析供应链物流服务能力成熟度，提出供应链服务物流能力成熟度模型（SCLS‑CMM）。王侃昌等（2016）认为物流能力成熟度可分为初始级、基本级、可重复级、定量管理级、优化级。李振等（2017）认为物流企业成熟度包括初始级、成长级、定型级、规范级和优化级，并构建物流能力成熟度模型（LECMM）。吴焦等（2019）从涌现理论角度分析第三方物流企业能力成熟度，将成熟度划分为初始级、成长级、竞争级、优化级和卓越级，构建 3PL 成熟度模型。何琳、丁慧平（2017，2019）从识别和满足顾客需求角度，构建物流企业能力要素体系，认为运营能力、变革能力和学习能力构成物流企业能力，运用多级综合模糊评判法定量评价物流企业能力。李售波、魏立（2018，2021）通过层次分析法和模糊数学法，从供应链和物流系统两个视角，构建基于模糊积分的物流企业快速反应能力评价的指标体系及模型。谷奇峰等（2012）通过对中国物流企业进行调查和实证研究，认为中国物流企业的关键能力是由它的基础设施能力、市场和销售能力、采购能力构成，其亚关键能力由生产经营能力构成，客户服务能力、技术开发能力和人力资源管理能力构成中国物流企业的一般能力。牟宁（2020）研究第三方物流企业服务能力的评价体系，利用层次分析法构建服务能力评价模型。汪旭阵、徐健（2020）运用结构方程模型验证中国本土物流企业自主创新能力的影响因素，研究发现：区域外资物流业发达程度、企业规模、企业学习能力和人力资源质量对物流企业自主创新能力存在显著影响；区域经济水平、区域交通便利、区域科技水平及企业市场导向对物流企业自主创新能力影响不显著。此外，国内学者还涉及对物流服务企业动态能力的研究，但未做系统分析。如陈建校（2012）分析物流服务企业动态能力的形成，认为动态能力是企业通过组织学习和知识管理活动，在动态环境中形成敏捷高效的"环境感知—柔性战略决策—动态战略执行"三种战略管理能力的过程。

综上，虽然学者从不同角度对物流能力或物流服务能力做出明确解释，但就物流服务企业能力的概念并未达成共识。在国外学者看来，物流服务能力或物流能力是指企业核心能力（含物流服务企业和其他类型企业），并没有对物流服务企业能力展开专门的研究。而在国内，对物流能力或物流服务能力研究起步较晚，主要针对物流企业本身具备的物流能力或物流服务能力进行研究，而对于面向制造企业真实需求的物流服务能力，并没有太多系统深入的分析。

3 第三方物流能力要素研究

3.1 面向制造企业的物流外包需求框架

制造企业能否专注于自身的核心业务、提高企业运营效率，是企业在竞争中存活与发展的关键。而制造企业运营效率的提高，一个重要的环节就是改善库存等物流活动的管理水平，专业的物流公司能为制造企业带来更高的物流管理水平。因此，越来越多的制造企业把物流活动外包给专业的物流公司。

揽接制造企业的物流外包业务，解决制造企业的物流问题，是现代物流兴起的重要源泉。现代物流是生产性服务业，制造企业是现代物流的主要服务对象。作为物流服务商，在市场竞争日益激烈的当今，必须清楚地辨别服务对象的真实需求。

本部分基于制造企业视角，构建了制造企业物流外包需求框架。制造企业物流外包需求框架如图3-1所示。

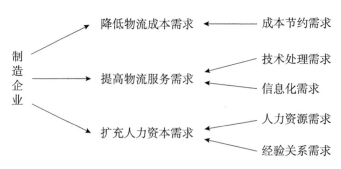

图3-1 制造企业物流外包需求框架

3.2　第三方物流能力要素模型与评价

随着全球化竞争的不断加剧，制造企业面临的外部环境日益复杂，制造企业一方面要不断提升企业产品品质，另一方面要不断降低企业的生产成本，这就迫使许多制造企业必须评估自身竞争能力，将不是企业核心业务的物流活动外包到企业外部去，从而使自己专注于自己的核心业务。从国外实践证明来看，制造企业将物流业务外包给专业的第三方物流公司，要优于企业自营物流的工作绩效。截至 2021 年，欧美发达国家的制造企业将物流服务外包给第三方物流企业的比例达到了 70%，日本这一比例达到了 72%，而我国的这一比例却仅为 31%。我国的制造企业没有大面积外包物流服务的原因是什么呢? 制造企业作为物流服务消费者对我国第三方物流的揽接能力是如何评价的呢?

本书将以我国淮海经济区制造企业为实证研究对象，采用调查问卷方式，进行实证分析，目的在于站在物流服务消费者（制造企业）的角度，了解我国第三方物流的能力要素状况，找到第三方物流的能力要素的不足之处，从而作为我国第三方物流企业提升能力要素的参考依据。

面对物流外包迅速发展的现实，学者们对物流外包展开了广泛的研究，研究范围主要包括: 物流外包的含义、物流外包的动因、物流外包的主要业务以及选择物流外包的依据等。

3.3　模型构建与研究设计

3.3.1　先期访谈

先期访谈是本书的准备阶段，在这个阶段，作者选择了 5 家制造企业作为访谈对象，被访人是制造企业的高层主管。访谈内容主要有企业的物流业务与外包状况，企业在做物流外包决策时关注第三方物流的哪些能力，以及对曾经或者正在合作的第三方物流的能力评价问题等。作者对这些访谈内容进行归纳与分析，作为构建理论模型与设计调查问卷的重要依据。

3.3.2　第三方物流能力要素模型的构建

在先期访谈资料与已有文献的整理分析基础上，基于我国制造企业视角，作者构建了描述我国第三方物流能力的要素模型，第三方物流能力要素模型如图 3－2 所示。作者基于制造业视角，提出了对第三方物流能力要素的具体要求，这些要求包括：成本节约能力、技术处理能力、信息化能力、人力资源能力、经验关系能力。第三方物流企业具备了这些能力，就可以为制造企业带来较高的顾客满意度，从而促使制造企业向第三方物流企业给出持续的外包业务。

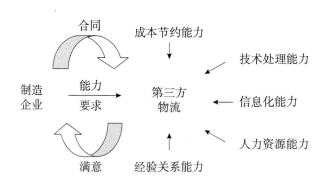

图 3－2　第三方物流能力要素模型

在第三方物流企业的能力要素构架中，成本节约能力是指第三方物流企业在运输、仓储、逆向物流、物流管理等业务活动过程中产生的成本占营业额的比例尽可能低的能力，具体分为运输成本节约能力、仓储成本节约能力、逆向物流成本节约能力、物流管理成本节约能力等。技术处理能力是指第三方物流企业对各种物流业务活动的处理能力与技术能力，具体包括基础设施能力、服务交付能力、技术组合能力等。信息化能力指第三方物流企业利用信息技术提升企业管理竞争力的能力，具体包括信息化规模能力、信息化处理能力、信息化频度能力、信息化网络能力等。人力资源能力是指企业的软实力，具体包括人才储备能力、人才培养能力、团队协作能力、企业文化能力等。经验关系能力是指在完成企业某项活动任务时所具有的历史经验与公关能力，具体包括工作经验、成功案例、人脉关系等。

本部分运用实证调查的方法对第三方物流能力要素模型进行研究。研究我国第三方物流的揽接能力与制造企业对服务外包要求的差距。

3.3.3　问卷设计与调查

本书的问卷设计与调查分为两个阶段进行。第一阶段是在以上研究的基础上，选取了 20 个样本企业进行预调查，依据"分项对总项相关性原则"对初始问卷进行修订，形成了最终的正式调查问卷。本次调查问卷结构包括 5 个一级维度，具体是成本节约能力、技术处理能力、信息化能力、人力资源能力、经验关系能力。每个一级维度又分为若干二级维度，具体分类如下。

成本节约能力：运输成本节约能力、仓储成本节约能力、逆向物流成本节约能力、物流管理成本节约能力。

技术处理能力：基础设施能力、服务交付能力、技术组合能力。

信息化能力：信息化规模能力、信息化处理能力、信息化频度能力、信息化网络能力。

人力资源能力：人才储备能力、人才培养能力、团队协作能力、企业文化能力。

经验关系能力：工作经验、成功案例、人脉关系。

最后，每个二级维度下面形成多个测量项目，测量项目运用通行的李克特（Likert）量表形式。测量分值采用简单平均计算法求得。

第二阶段为问卷发放与调查阶段。问卷样本来源于淮海经济区制造企业。问卷发放采取了两种形式，电子邮件和直接调查。

问卷发放数为 400 份，其中电子邮件发放 250 份，回收了 25 份。直接调查问卷为 150 份，回收 137 份。两种调查方式共回收问卷 162 份，回收率 40.5%。问卷以下列两种标准筛选是否为有效问卷。①问卷题目回答量不少于 80%；②问卷答题是否有明显一致性。根据这两条原则共筛选出 135 份有效问卷，有效回收率为 33.8%。

3.4 资料分析与讨论

3.4.1 样本企业特征

本次调查显示，淮海经济区的制造企业除了为数不多的几个大企业之外，普遍规模不大。制造企业普遍有物流外包的经验，但外包领域主要集中在仓储、运输等传统业务。也有部分制造企业开始致力于综合性物流服务外包，以及物流增值服务外包业务的开展。样本企业特征如表3-1所示。

表 3-1　　　　　　　　　样本企业特征

统计量	分类	百分比（%）	统计量	分类	百分比（%）
调查人员职务	总经理	5.3	年销售额	50亿元以上	1.4
	副总经理	38.6		10亿~50亿元	16.6
	部门经理	42.5		1亿~10亿元（不含）	55.9
	物流员工	13.6		1亿元以下	26.1
所属行业	机械设备	13.9	所属行业	纺织服装	14.8
	木材家具	12.6		食品饮料	16.6
	化工类	8.4		电子类	11.4
	生物医药	10.5		其他	11.8
物流外包程度	完全外包	1.6	物流外包业务	综合	19.2
	大部分外包	38.7		运输	36.7
	部分外包	49.3		仓储	35.6
	完全自营	10.4		增值服务	8.5

3.4.2 信效度检验

表 3-2　　　问卷的Cronbach's α 系数（克隆巴赫 α 系数）测量值

一级维度	二级维度	测量项目数	Cronbach's α 系数测量值
成本节约能力	运输成本节约能力	5	0.8732
	仓储成本节约能力	4	0.8095
	逆向物流成本节约能力	5	0.7832
	物流管理成本节约能力	4	0.8209

一级维度	二级维度	测量项目数	Cronbach's α 系数测量值
技术处理能力	基础设施能力	3	0.7809
	服务交付能力	3	0.8632
	技术组合能力	4	0.8544
信息化能力	信息化规模能力	3	0.8656
	信息化处理能力	5	0.7928
	信息化频度能力	4	0.8772
	信息化网络能力	4	0.8561
人力资源能力	人才储备能力	4	0.8632
	人才培养能力	5	0.7821
	团队协作能力	5	0.8772
	企业文化能力	3	0.8003
经验关系能力	工作经验	4	0.8621
	成功案例	4	0.7821
	人脉关系	3	0.8512

（1）信度检验

本调查问卷中测量项目时使用的均是量表方式。第三方物流能力要素模型的各一级维度量表的二级维度概念测量信度检验皆以 Cronbach's α 系数为依据。表 3 - 2 显示本次回收的有效问卷的 Cronbach's α 系数测量值均大于 0.7。所以本书设计的测量指标间具有较高的内部一致性与稳定性。

（2）效度检验

信度虽不是效度的保证，但高信度是问卷有效度的基本条件，一份问卷如果信度不够，也就没有效度可言。表 3 - 2 显示了本书问卷具有很高的信度。另外，作者在研究设计过程中，先后经历了文献整理、先期访谈、预调查等阶段。经过多次归纳和修订之后才确立最终问卷，因此本调查问卷具有较高的效度。

3.4.3 资料分析

在上述检验基础上，作者对承揽能力模型的二级维度测量结果利用算术平均分得到 5 个一级维度的平均分值。一级维度的分值统计如表 3 - 3 所示。

表 3 - 3　　　　　　　　　一级维度的分值统计

一级维度	平均分值	标准差	最大最小差值
成本节约能力	4.22	0.63	3.28
技术处理能力	3.78	0.67	2.73
信息化能力	3.79	0.62	2.84
人力资源能力	3.91	0.66	3.06
经验关系能力	4.23	0.65	3.32

从统计上看，我国第三方物流的能力要素总体得分不高，这说明我国第三方物流的整体竞争力有待提高，这也从另外一个角度解释了我国制造业在外包决策时由于找不到理想的揽接对象而选择放弃外包策略。这种第三方物流企业揽接能力不高的现状势必会影响我国制造业与物流业联动发展的进一步扩大与深入。

从统计分析看，我国第三方物流企业在技术处理能力和信息化能力这两方面得分处在最低，这说明了我国的第三方物流企业粗放程度较高，而信息化程度较低、精益能力缺乏的事实。

近几年，我国的第三方物流企业得到飞速的发展，2022 年，我国社会物流总费用与 GDP 的比率为 14.7%，比上年提高 0.1 个百分点，但我国的物流企业揽接的物流活动大多属于低端物流业务，在高端物流市场上占绝对地位的都是德国马士基、联邦快递、UPS（美国联合包裹运送服务公司）、TNT 等跨国物流巨头，这样的局面与我国第三方物流企业技术处理能力、信息化管理水平低下等因素有直接关系。

从统计上看，我国第三方物流企业的人力资源能力得分不高，这说明我国物流企业在人力储备、人才培训、团队精神、企业文化方面都处在低水平阶段。

从统计分析看，得分处在高端的是我国第三方物流的经验关系能力以及成本节约能力，折射出这两项能力是我国第三方物流企业在本土与国外物流巨头竞争中拥有的最大优势，也是本土物流企业获得企业外包业务的主要手段，但从另外一个角度说明了我国物流企业的竞争能力、竞争手段较为单一，以及揽接的业务附加值不高。

3.5 对策建议

通过研究分析，为我国第三方物流如何提高揽接能力提出如下对策及建议。

（1）加强第三方物流企业信息化建设。提高第三方物流信息化处理能力与信息化网络能力，把外延式扩张转化为内涵建设的增长，并打破"外包业务属于低端揽接业务"这种观念。第三方物流企业应提高技术处理能力和信息化能力，增强企业的精益服务水平，开拓附加值高的、具有创新性的高端物流服务业务。本次调查发现有部分第三方物流企业依托较高的技术能力与创新优势，取得了制造企业的青睐，从而揽接了制造企业较为高端的物流业务。

（2）增强第三方物流企业从业人员素质。第三方物流企业从业人员素质不够高，是制约我国第三方物流持续快速发展的基础性因素。对此，物流企业一方面要不断加强同我国高等院校物流相关专业的合作，加大毕业生的招聘力度，摒弃"物流从业人员主要靠工作经验"这一错误认识，加大对物流高端技术人才的吸收与储备。另一方面，物流企业要实施企业员工培训计划，加强物流专业知识与管理知识的培训，建立一套科学的人才培养机制。

（3）注重第三方物流企业的企业文化建设。企业文化是一个企业持续发展、企业人员不断进步的内在驱动力。企业一方面要增强员工对企业价值观的认同教育，另一方面要制定各种激励政策，增强员工的团队协作精神与能力，从而增强员工对企业的归属感，调动员工的工作积极性与主动性，使员工真正成为驱动企业发展的内部动力。

3.6 本部分小结

本部分基于制造业视角，探讨我国第三方物流对制造企业物流外包业务的揽接能力问题。首先，本部分以文献与理论分析为基础，提出了我国第三方物流能力要素模型；其次，以我国淮海经济区制造企业为调查对象，运用实证研究方法，分析了我国第三方物流揽接能力；最后，结合我国第三方物流的实际发展情况，就如何提高第三方物流的揽接能力提出了相应的对策及建议。

4 物流企业成本节约能力与企业绩效关系的研究

本部分以我国淮海经济区物流企业为实证研究对象，采用调查问卷方式，进行实证分析，目的在于了解我国物流企业成本节约能力与企业绩效的关系，并找到何种功能的成本节约能力与企业绩效密切相关，以此作为我国物流企业成本节约能力建设决策的参考依据。

4.1 模型构建与研究设计

4.1.1 先期访谈

在先期访谈阶段，选择 5 家物流企业作为访谈对象，被访人是物流企业的高层主管。访谈内容主要是物流企业在进行成本管理时所关注的成本节约问题，成本管理给企业带来的业务活动革新问题，以及成本节约能力对物流企业绩效的影响等问题。作者对访谈内容进行总结与分析，作为理论模型与调查问卷设计与修正的依据。

4.1.2 模型构建与假设

在前期研究即第三方物流企业的揽接能力要素分析中，成本节约能力是指第三方物流企业在运输、仓储、逆向物流、物流管理等业务活动过程中产生的成本占营业额的比例尽可能少的能力，具体分为运输成本节约能力、仓储成本节约能力、逆向物流成本节约能力、物流管理成本节约能力等；同时，本文把描述考察变量企业绩效的构成变量确定为企业服务绩效（速度、质量、反应、顾客满意度等）与企业财务绩效。物流企业成本节约能力与企业绩效关系测量模型如图 4–1 所示。

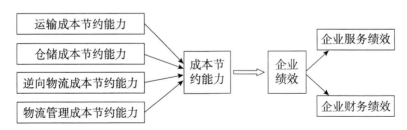

图 4–1　物流企业成本节约能力与企业绩效关系测量模型

根据图 4–1 以及前述相关资料的分析，本章提出以下研究假设。

H1：运输成本节约能力与企业绩效的相关关系。

H1–1：运输成本节约能力与企业服务绩效显著正相关；

H1–2：运输成本节约能力与企业财务绩效显著正相关。

H2：仓储成本节约能力与企业绩效的相关关系。

H2–1：仓储成本节约能力与企业服务绩效显著正相关；

H2–2：仓储成本节约能力与企业财务绩效显著正相关。

H3：逆向物流成本节约能力与企业绩效的相关关系。

H3–1：逆向物流成本节约能力与企业服务绩效显著正相关；

H3–2：逆向物流成本节约能力与企业财务绩效显著正相关。

H4：物流管理成本节约能力与企业绩效的相关关系。

H4–1：物流管理成本节约能力与企业服务绩效显著正相关；

H4–2：物流管理成本节约能力与企业财务绩效显著正相关。

4.1.3　问卷设计与发放

基于以上研究，作者设计了调查问卷，问卷包括描述考察变量成本节约能力的 4 个构成变量，具体为运输成本节约能力、仓储成本节约能力、逆向物流成本节约能力、物流管理成本节约能力。描述考察变量企业绩效的构成变量有 2 个，具体是企业服务绩效、企业财务绩效。这 6 个构成变量又分为37 个测量项目，每个测量项目均运用李克特量表来完成测量。问卷发放对象为淮海经济区范围内的物流企业。发放形式采取了两种形式,电子邮件和直接调查,问卷发放数为 400 份,其中电子邮件发放 300 份,回收了 48 份;直接调查问卷为 100 份,回收了 98 份。两种调查方式共回收问卷 146 份,回收率 36.5%。问卷以下列两种标准作为有效问卷的判断依据:①问卷题目回答量不少于 80%;②问卷答题是否有明显一致性。根据这两条标准共筛选出 127 份有效问卷,有效回收率为 31.8%。样本企业的基本特征如表 4-1、表 4-2 所示。

表 4-1 样本企业的基本特征 1

统计量	分类	百分比 (%)	统计量	分类	百分比 (%)
员工人数	500 人以上	6.6	主营业务	综合	22.8
	201～500 人	38.6		运输	35.6
	50～200 人	39.8		仓储	35.3
	50 人以下	15		增值服务	6.3

表 4-2 样本企业的基本特征 2

统计量	分类	百分比 (%)	统计量	分类	百分比 (%)
调查人员职务	总经理	5.6	年销售额	2 亿元以上	7.5
	副总经理	28.3		1 亿～2 亿元	32.6
	部门经理	40.7		5000 万～1 亿元 (不含)	35.8
	一线员工	25.4		5000 万元以下	24.1

从本次调查的物流企业情况看,淮海经济区物流企业的规模整体不是很大,主营业务还是以运输与仓储为主,但越来越多的企业开始开展综合性物流服务业务,并有部分物流企业开始致力于物流增值服务业务的开展。

4.2 资料分析与讨论

4.2.1 信效度分析

(1) 信度分析

本调查问卷中测量变量时使用的均是量表方式,且采用多项测量项目加以衡量,故各量表的信度测试皆以 Cronbach's α 系数作为判断的依据。表 4-3 显示本次回收的有效问卷的 Cronbach's α 系数测量值均大于 0.75，所以本书设计的量表具有较高的内部一致性与稳定性。

表 4 − 3　　　　　　　有效问卷的 Cronbach's α 系数测量值

考察变量	构成变量	Cronbach's α 系数	测量项目数
成本节约能力	运输成本节约能力	0.8323	7
	仓储成本节约能力	0.8409	8
	逆向物流成本节约能力	0.7825	6
	物流管理成本节约能力	0.8276	6
企业绩效	企业服务绩效	0.7671	5
	企业财务绩效	0.8280	5

（2）效度分析

信度虽不是效度的保证，但高信度是问卷有效度的基本条件，一份问卷如果信度不够，也就没有效度可言，表 4 − 3 显示了本书问卷具有很高的信度。另外，本书在设计过程中，进行了大量的文献分析、先期访谈、专家意见归纳和修订，因此本书问卷具有较高的效度。

4.2.2　假设检验分析

以上分析表明，本书所用问卷具有较高的信度与效度。接下来，使用 SPSS 13.0 工具对样本数据进行相关分析，以检验研究假设是否成立，并对结果展开分析与讨论。

本书分别对物流企业成本节约能力的构成变量运输成本节约能力、仓储成本节约能力、逆向物流成本节约能力、物流管理成本节约能力与企业服务绩效、企业财务绩效进行相关分析，分析结果如表 4 − 4、表 4 − 5 所示。

表 4 − 4　　　　物流企业成本节约能力与企业服务绩效相关分析

构成变量	相关系数	双尾检验值	检验结果
运输成本节约能力	0.650 **	0.000	显著
仓储成本节约能力	0.561 **	0.000	显著
逆向物流成本节约能力	0.552 **	0.000	显著
物流管理成本节约能力	0.593 **	0.000	显著

注：** $P < 0.01$。

表 4 – 5　　　　　物流企业成本节约能力与企业财务绩效相关分析

构成变量	相关系数	双尾检验值	检验结果
运输成本节约能力	0.608 **	0.000	显著
仓储成本节约能力	0.615 **	0.000	显著
逆向物流成本节约能力	0.561 **	0.000	显著
物流管理成本节约能力	0.620 **	0.000	显著

注：＊＊ $P < 0.01$。

表 4 – 4、表 4 – 5 结果分析表明以下内容。

（1）本书提出的假设得到了验证，但各变量的相关程度不同。数据显示物流企业的仓储成本节约能力与企业绩效的相关程度较低，物流企业的仓储成本节约能力与企业服务绩效的相关程度要低于与企业财务绩效的相关程度。

（2）物流企业的运输成本节约能力无论是与企业服务绩效还是与企业财务绩效都表现为高度相关，其中与企业服务绩效的相关程度是 4 个变量中最高的。这说明运输活动的处理能力，对企业业务活动带来的准确性、及时性、便捷性势必会大大提升以速度、质量、反应、顾客满意度等为衡量标准的企业服务绩效。在服务水平大幅提高的过程中，也为企业的财务绩效带来了大幅提升。

（3）物流企业的逆向物流成本节约能力与物流企业绩效也有着显著的相关关系。物流企业的逆向物流在企业的采购、配送、服务等多领域的成本节约能力，会对企业的服务绩效与企业财务绩效做出明显的贡献。

（4）物流企业的物流管理成本节约能力对企业服务绩效的相关度仅次于运输成本节约能力，而对企业财务绩效的相关度位于首位。这说明物流企业的物流管理成本节约能力能有效地整合企业内部成本与外部成本活动，具有很强的集成性与系统性，不仅能提升企业的服务绩效，更能为企业的财务绩效带来非常大的收益。

4.3　结论与建议

本部分致力于我国物流企业成本节约能力与企业绩效的关系研究。通过以上研究，本部分的研究目标已经完成。文章不但验证了提出的所有研究假设，而且给出了描述成本节约能力的构成变量（运输成本节约能力、仓储成本节约能力、逆向物流成本节约能力、物流管理成本节约能力）与描述企业绩效的构成变量（企业服务绩效、企业财务绩效）分别的相关程度。物流企业成本节约能力与企业绩效存在显著正相关关系。

希望本部分结论能在进行成本管理变革决策时给物流企业带来一定的参考价值。本书给物流企业管理者的建议如下：物流企业在进行成本管理变革时，应在运输成本节约能力、仓储成本节约能力、逆向物流成本节约能力、物流管理成本节约能力等方面进行系统设计与优化。

4.4 本部分小结

本部分以我国淮海经济区物流企业为调查对象，进行了物流企业成本节约能力与企业绩效关系的实证研究。研究首先验证了物流企业成本节约能力与企业绩效存在显著正相关关系，进一步分析得出物流企业的运输成本节约能力与企业服务绩效、企业财务绩效都高度相关，其中与企业服务绩效相关程度最高，物流企业的物流管理成本节约能力对企业服务绩效的相关度仅次于运输成本节约能力。

5 物流企业技术处理能力与企业绩效关系的研究

本部分以我国淮海经济区物流企业为实证研究对象，采用调查问卷方式，进行实证分析，目的在于了解我国物流企业技术处理能力与企业绩效的关系，并找到何种功能的技术处理能力与企业绩效密切相关。以此作为我国物流企业物流技术处理能力建设决策的参考依据。

5.1 模型构建与研究设计

5.1.1 先期访谈

先期访谈即准备阶段，在这个阶段，选择 5 家物流企业作为访谈对象，被访人是物流企业的高层主管。访谈内容主要是物流企业在进行技术处理时所关注的技术处理问题，以及技术处理能力对物流企业绩效的影响等问题。作者对访谈内容进行总结与分析，作为理论模型与调查问卷的设计与修正的依据。

5.1.2 模型构建与假设

在前期研究中，即第三方物流企业的揽接能力构架中，技术处理能力是指第三方物流企业对各种物流业务活动的处理能力与技术能力，具体包括基础设施能力、服务交付能力、技术组合能力等。

本书把描述考察变量企业绩效的构成变量确定为企业服务绩效（速度、质量、反应、顾客满意度等）与企业财务绩效。物流企业技术处理能力与企业绩效关系测量模型如图 5-1 所示。

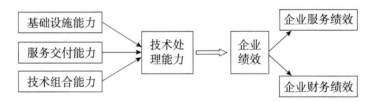

图 5 - 1　物流企业技术处理能力与企业绩效关系测量模型

根据图 5 -1 及前述相关资料的分析，本章提出以下研究假设。

H1：基础设施能力与企业绩效的相关关系。

H1 - 1：基础设施能力与企业服务绩效显著正相关；

H1 - 2：基础设施能力与企业财务绩效显著正相关。

H2：服务交付能力与企业绩效的相关关系。

H2 - 1：服务交付能力与企业服务绩效显著正相关；

H2 - 2：服务交付能力与企业财务绩效显著正相关。

H3：技术组合能力与企业绩效的相关关系。

H3 - 1：技术组合能力与企业服务绩效显著正相关；

H3 - 2：技术组合能力与企业财务绩效显著正相关。

5.1.3　问卷设计与发放

基于以上研究，作者设计了调查问卷，问卷包括了描述考察变量技术处理能力的 3 个构成变量，具体为基础设施能力、服务交付能力、技术组合能力。描述考察变量企业绩效的构成变量有 2 个，具体是企业服务绩效、企业财务绩效。这 5 个构成变量又分为 33 个测量项目，每个测量项目均运用李克特量表来完成测量。问卷发放对象为淮海经济区范围内的物流企业。发放形式采取了两种形式，电子邮件和直接调查，问卷发放数为 400 份，其中电子邮件发放 300 份，回收了 48 份；直接调查问卷为 100 份，回收了 98 份。两种调查方式共回收问卷 146 份，回收率 36.5%。问卷以下列两种标准作为有效问卷的判断依据：①问卷题目回答量不少于80%；②问卷答题是否有明显一致性。根据这两条标准共筛选出 127 份有效问卷，有效回收率为 31.8%。样本企业的基本特征如表 5 -1、表 5 -2 所示。

表 5-1　　　　　　　　　样本企业的基本特征 1

统计量	分类	百分比（%）	统计量	分类	百分比（%）
员工人数	500 人以上	6.6	主营业务	综合	22.8
	201～500 人	38.6		运输	35.6
	50～200 人	39.8		仓储	35.3
	50 人以下	15		增值服务	6.3

表 5-2　　　　　　　　　样本企业的基本特征 2

统计量	分类	百分比（%）	统计量	分类	百分比（%）
调查人员职务	总经理	5.6	年销售额	2 亿元以上	7.5
	副总经理	28.3		1 亿～2 亿元	32.6
	部门经理	40.7		5000 万～1 亿元（不含）	35.8
	一线员工	25.4		5000 万元以下	24.1

从本次调查的物流企业情况看，淮海经济区物流企业的规模整体不是很大，主营业务还是以运输与仓储为主，但越来越多的企业开始开展综合性物流服务业务，并有部分物流企业开始致力于物流增值服务业务的开展。

5.2　资料分析与讨论

5.2.1　信效度分析

（1）信度分析

本调查问卷中测量变量时使用的均是量表方式，且采用多项测量项目加以衡量，故各量表的信度测试皆以 Cronbach's α 系数作为判断的依据。表 5-3 显示本次回收的有效问卷的 Cronbach's α 系数测量值均大于 0.75，所以本书设计的量表具有较高的内部一致性与稳定性。

表 5 – 3   问卷的 Cronbach's α 系数测量值

考察变量	构成变量	Cronbach's α 系数	测量项目数
技术处理能力	基础设施能力	0.8027	8
	服务交付能力	0.8378	7
	技术组合能力	0.8267	8
企业绩效	企业服务绩效	0.7831	5
	企业财务绩效	0.8352	5

（2）效度分析

信度虽不是效度的保证，但高信度是问卷有效度的基本条件，一份问卷如果信度不够，也就没有效度可言，表 5 – 3 显示了本书问卷具有很高的信度。另外，本书在设计过程中，进行了大量的文献分析、先期访谈、专家意见归纳和修订，因此本书问卷具有较高的效度。

5.2.2　假设检验分析

以上分析表明，本书所用问卷具有较高的信度与效度。接下来，本书使用 SPSS 13.0 工具对样本数据进行相关分析，以检验研究假设是否成立，并对结果展开分析与讨论。

本书分别对物流企业技术处理能力的构成变量基础设施能力、服务交付能力、技术组合能力与企业服务绩效、企业财务绩效进行相关分析，分析结果如表 5 – 4、表 5 – 5 所示。

表 5 – 4　　　　物流企业技术处理能力与企业服务绩效相关分析

构成变量	相关系数	双尾检验值	检验结果
基础设施能力	0.534 **	0.000	显著
服务交付能力	0.673 **	0.000	显著
技术组合能力	0.633 **	0.000	显著

注：** $P < 0.01$。

表 5 - 5   物流企业技术处理能力与企业财务绩效相关分析

构成变量	相关系数	双尾检验值	检验结果
基础设施能力	0.562**	0.000	显著
服务交付能力	0.692**	0.000	显著
技术组合能力	0.655**	0.000	显著

注：** $P < 0.01$。

表 5 - 4、表 5 - 5 结果分析说明，本书提出的假设得到了验证，但是各变量的相关程度不同。数据显示物流企业的基础设施能力与企业绩效存在显著的正相关，但在 3 个变量中相关程度最低。物流企业的服务交付能力无论是与企业服务绩效还是与企业财务绩效的相关性都表现为最高。物流企业的技术组合能力对企业的服务绩效与企业财务绩效的相关度仅次于服务交付能力。

5.3　结论与建议

本部分致力于我国物流企业技术处理能力与企业绩效的关系研究。通过以上研究，本部分的研究目标已经完成。文章不但验证了提出的所有研究假设，而且给出了描述技术处理能力的构成变量（基础设施能力、服务交付能力、技术组合能力）与描述企业绩效的构成变量（企业服务绩效、企业财务绩效）分别的相关程度。数据显示物流企业的基础设施能力与企业绩效存在显著的正相关，但在 3 个变量中相关程度最低，物流企业的基础设施能力与企业服务绩效的相关程度低于与企业财务绩效的相关程度。

结果分析说明，物流企业的服务交付能力无论是与企业服务绩效还是与企业财务绩效的相关性都表现为最高，这说明物流企业的服务交付能力是物流企业速度、质量、反应、顾客满意度等企业服务绩效的最重要因素，在服务水平大幅提高的过程中，也会大大提升企业的财务绩效。

由结果分析还可以看出，物流企业的技术组合能力对企业的服务绩效与企业财务绩效的相关度仅次于服务交付能力，这说明物流企业的技术组合能力能有效地整合企业内部技术与外部技术，促使物流企业在采购、装卸、配送、运输、信息处理、服务等多领域的技术得到整合，从而对企业服务绩效与企业财务绩效做出明显的贡献。

希望本部分的结论能在进行技术处理能力建设时给物流企业带来一定的参考价值。本书给物流企业管理者的建议如下：物流企业在进行技术处理能力建设时，应特别加强企业的服务交付能力、技术组合能力建设。

5.4 本部分小结

本部分以我国淮海经济区物流企业作为调查对象，进行物流企业技术处理能力与企业绩效关系的实证研究。研究首先验证了物流企业技术处理能力与企业绩效存在显著正相关关系，进一步分析得出在 3 个变量中，物流企业的基础设施能力与企业绩效正相关性最小，物流企业的服务交付能力对企业的服务绩效与企业财务绩效的相关度最高，物流企业的技术组合能力对企业的服务绩效与企业财务绩效的相关度仅次于服务交付能力。

6 物流企业信息化能力与企业绩效关系的研究

自 20 世纪以来，我国物流业得到了迅速发展。2024 年 1—4 月，全国社会物流总额 111.9 万亿元，同比增长 6.1%，社会物流总额持续恢复。尽管如此，我国物流业还存在很多不足，诸如现代物流意识不强、物流企业的规模小、信息化水平低、服务功能少、竞争能力弱等。这些问题严重制约了我国物流业的进一步发展。近几年，我国物流业也认识到了这些问题，特别是现代物流业的核心是信息技术这一学术观点，得到越来越多的物流行业管理部门以及物流企业管理者的认可与重视，这也使我国物流企业的信息化建设上升到了一个新的高度，物流企业的信息化水平得到了很大的发展与提高。但物流企业在进行信息化建设的同时面临着这样的困惑：物流信息技术包罗万象，涉及领域众多，哪些功能的物流信息技术是和企业绩效是密切相关的呢？

本部分以我国淮海经济区物流企业为实证研究对象，采用调查问卷方式，进行实证分析，目的在于了解我国物流企业信息化能力与企业绩效的关系，并找到何种功能的物流信息技术与企业绩效密切相关，以此作为我国物流企业信息化建设决策的参考依据。

6.1 文献回顾与梳理

本部分试图找出我国物流企业的信息化能力与企业绩效的关系。早在 1999 年，Sum 和 Teo 在文献中就指出较高频度使用信息技术的物流企业能使物流服务效率、反应速度、灵活性等明显提高，从而有效提升物流企业的绩效水平。美国的 Gasdefding（2001）提出，企业物流活动的主题应是形成规模经营的物流组织体系，企业要利用先进的信息技术进行充分的信息沟通，如货物信息追踪、车辆跟踪、物流链信息管理、财务信息控制。Gasdefding 还提出，企业物流信息技术的硬件系统形成后，要提高物流效率和效益，就必须注重网络化、规模化经营技术的开发，利用高新技术完善物流信息系统，以形成网络化经营与控制的优势。从 Gasdefding 的研究可以发现，物流企业要想形成网络化经营与控制的优势，取得较好的企业绩效，除了物流信息技术的硬件系统建设外，更重要的是注重在信息技术基础上的网络化、规模化经营技术的开发与利用。2003 年，Sauvage 在研究中调查了 35 家世界大型物流企业，并进行了细致的研究，研究结论是信息技术对物流企业的绩效有正向作用。但此结论是否对我国的物流企业适用还需进一步验证。2003 年，Thierry 在他的研究中指出虽然信息技术已经成为物流企业提升竞争能力的关键手段，但这并不是充分条件，而只是必要条件。2006 年，Lai 在对其国家的物流企业的实证研究中，也提出物流企业要想依靠信息技术提升竞争力，必须把信息技术能力转变为整个企业的管理能力，只有这样才能取得明显的企业绩效的提高。此外，Lin（2009）进一步发现企业的信息技术对供应链绩效有着显著的正向影响。Lin 在研究中提到，物流企业的信息技术可以有效改善物流企业所处供应链的物流信息分享能力，从而提高供应链的整体绩效，进而使供应链的各个成员，包括物流企业自身增加收益。

以上学者在研究物流企业的信息技术变量时，统一使用了信息技术规模、信息技术处理能力、信息技术分享能力等描述物流企业信息化能力的变量。其中，Sum 和 Teo 在研究中还使用了物流信息技术使用范围、物流信息技术使用频度等变量。Gasdefding 在研究中增加了物流信息技术的网络化规模。Lai 在研究中又增加了物流企业信息技术的管理能力等变量。Lin 在研究中为了突出信息技术与供应链管理的关系，增加了信息系统整合作业能力这一变量。

6.2 模型构建与研究设计

6.2.1 先期访谈

先期访谈即准备阶段，在这个阶段，选择 5 家物流企业作为访谈对象，被访人是物流企业的高层主管。访谈内容主要是物流企业在进行信息化建设时所关注的信息能力提升问题、信息化建设给企业带来的业务活动革新问题以及信息技术对物流企业绩效的影响等问题。作者对访谈内容进行总结与分析，作为理论模型与调查问卷设计与修正的依据。

6.2.2 模型构建与假设

在先期访谈资料与已有文献的整理分析基础上，借鉴相关专家的研究成果，本书把描述考察分量物流企业信息化能力的构成变量确定为信息技术规模、信息技术处理能力、信息技术使用频度、信息技术网络能力等。物流企业的信息技术规模指企业对信息建设与改造的总投资规模；物流企业的信息技术处理能力指信息技术对企业业务活动的处理能力，表现在信息技术的应用对企业业务活动带来的准确性、及时性、便捷性等效率与质量的提升状况；物流企业的信息技术使用频度指的信息技术在企业的应用领域（包括采购、仓储、分拣、配送、财务等领域）的多少，以及在企业业务活动中运用信息技术的频次；物流企业的信息技术网络能力指信息技术的网络整合能力，具体分为信息技术对企业内部资源的整合能力与对外部供应链资源的整合能力。

另外，本书把描述考察变量企业绩效的构成变量确定为企业服务绩效（速度、质量、反应、顾客满意度等）与企业财务绩效。物流企业信息化能力与企业绩效关系测量模型如图 6 – 1 所示。

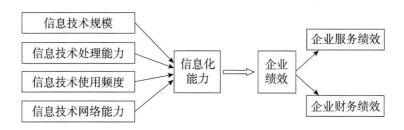

图 6 – 1 物流企业信息化能力与企业绩效关系测量模型

根据图 6 – 1 及前述相关资料的分析，本书提出以下研究假设。

H1：信息技术规模与企业绩效的相关关系。

H1 – 1：信息技术规模与企业服务绩效显著正相关；

H1－2：信息技术规模与企业财务绩效显著正相关。

H2：信息技术处理能力与企业绩效的相关关系。

H2－1：信息技术处理能力与企业服务绩效显著正相关；

H2－2：信息技术处理能力与企业财务绩效显著正相关。

H3：信息技术使用频度与企业绩效的相关关系。

H3－1：信息技术使用频度与企业服务绩效显著正相关；

H3－2：信息技术使用频度与企业财务绩效显著正相关。

H4：信息技术网络能力与企业绩效的相关关系。

H4－1：信息技术网络能力与企业服务绩效显著正相关；

H4－2：信息技术网络能力与企业财务绩效显著正相关。

6.2.3　问卷设计与发放

基于以上研究，作者设计了调查问卷，问卷包括描述考察变量信息化能力的4个构成变量，具体包括信息技术规模、信息技术处理能力、信息技术使用频度、信息技术网络能力。描述考察变量企业绩效的构成变量有2个，具体是企业服务绩效、企业财务绩效。这6个构成变量又分为39个测量项目，每个测量项目均运用李克特量表来完成测量。问卷发放对象为淮海经济区范围内的物流企业。发放形式采取了两种形式，电子邮件和直接调查，问卷发放数为400份，其中电子邮件发放300份，回收了48份。直接调查问卷为100份，回收了98份。两种调查方式共回收问卷146份，回收率36.5%。问卷以下列两种标准作为有效问卷的判断依据：①问卷题目回答量不少于80%；②问卷答题是否有明显一致性。根据这两条标准共筛选出127份有效问卷，有效回收率为31.8%。样本企业的基本特征如表6－1、表6－2所示。

表6－1　　　　　　　　　　　　样本企业的基本特征1

统计量	分类	百分比（%）	统计量	分类	百分比（%）
调查人员职务	总经理	5.6	年销售额	2亿元以上	7.5
	副总经理	28.3		1亿~2亿元	32.6
	部门经理	40.7		5000万~1亿元（不含）	35.8
	一线员工	25.4		5000万元以下	24.1

表 6 – 2　　　　　　　　　样本企业的基本特征 2

统计量	分类	百分比（%）	统计量	分类	百分比（%）
员工人数	500 人以上	6.6	主营业务	综合	22.8
	201～500 人	38.6		运输	35.6
	50～200 人	39.8		仓储	35.3
	50 人以下	15		增值服务	6.3

从本次调查的物流企业情况看，淮海经济区物流企业的规模整体不是很大，主营业务还是以运输与仓储为主，但越来越多的企业开始开展综合性物流服务业务，并有部分物流企业开始致力于物流增值服务业务的开展。

6.3　资料分析与讨论

6.3.1　信效度分析

（1）信度分析

本调查问卷中测量变量时使用的均是量表方式，且采用多项测量项目加以衡量，故各量表的信度测试皆以 Cronbach's α 系数作为判断的依据。表 6 – 3 显示本次回收的有效问卷的 Cronbach's α 系数测量值均大于 0.75，所以本书设计的量表具有较高的内部一致性与稳定性。

表 6 – 3　　　　　　有效问卷的 Cronbach's α 系数测量值

考察变量	构成变量	Cronbach's α 系数	测量项目数
信息化能力	信息技术规模	0.8553	6
	信息技术处理能力	0.8609	7
	信息技术使用频度	0.7935	6
	信息技术网络能力	0.8676	8
企业绩效	企业服务绩效	0.7821	7
	企业财务绩效	0.8658	5

（2）效度分析

信度虽不是效度的保证，但高信度是问卷有效度的基本条件，一份问卷如果信度不够，也就没有效度可言，表6-3显示了本书问卷具有很高的信度。另外，本书在设计过程中，进行了大量的文献分析、先期访谈、专家意见归纳和修订，因此本书问卷具有较高的效度。

6.3.2 假设检验分析

以上分析表明，本书所用问卷具有较高的信度与效度。接下来，本书使用SPSS 13.0工具对样本数据进行相关分析，以检验研究假设是否成立，并对结果展开分析与讨论。

本书分别对物流企业信息化能力的构成变量信息技术规模、信息技术处理能力、信息技术使用频度、信息技术网络能力与企业服务绩效、企业财务绩效进行相关分析，分析结果如表6-4、表6-5所示。

表6-4　　　　物流企业信息化能力与企业服务绩效相关分析

构成变量	相关系数	双尾检验值	检验结果
信息技术规模	0.420 **	0.000	显著
信息技术处理能力	0.629 **	0.000	显著
信息技术使用频度	0.571 **	0.000	显著
信息技术网络能力	0.613 **	0.000	显著

注：** $P < 0.01$。

表6-5　　　　物流企业信息化能力与企业财务绩效相关分析

构成变量	相关系数	双尾检验值	检验结果
信息技术规模	0.218 **	0.000	显著
信息技术处理能力	0.605 **	0.000	显著
信息技术使用频度	0.431 **	0.000	显著
信息技术网络能力	0.659 **	0.000	显著

注：** $P < 0.01$。

表6-4、表6-5的结果分析说明了以下内容。

（1）本书提出的假设得到了验证，但各变量的相关程度不同。数据显示物流企业的信息技术规模与企业绩效的相关程度最低，信息技术规模与企业服务绩效的相关程度要高于与企业财务绩效的相关程度。这也说明了我国物流企业的信息化建设存在贪大、贪多、资源闲置的现象。

（2）物流企业的信息技术处理能力无论是与企业服务绩效还是与企业财务绩效都表现为高度相关，其中与企业服务绩效是 4 个变量中相关程度最高的。这说明信息技术对物流企业业务活动的处理能力，对企业业务活动带来的准确性、及时性、便捷性势必会大大提升以速度、质量、反应、顾客满意度等为衡量标准的企业服务绩效。在服务水平大幅提高的过程中，也为企业的财务绩效带来了大幅提升。

（3）物流企业的信息技术使用频度与物流企业绩效也有着明显的相关关系。信息技术在企业的采购、仓储、分拣、配送、财务等多领域的应用，以及在企业业务活动中多频次的运用，会对企业服务绩效与企业财务绩效做出明显的贡献。

（4）物流企业的信息技术网络能力对企业服务绩效的相关度仅次于信息技术处理能力，而对企业财务绩效的相关度位于首位。这说明物流企业的信息技术如果能有效地的整合企业内部资源与外部供应链资源，达到很强的集成性与系统性，不仅能提升企业的服务绩效，更能为企业的财务绩效带来非常大的收益。

6.4　结论与建议

本部分致力于我国物流企业信息化能力与企业绩效的关系研究。本部分不但验证了提出的所有研究假设，而且给出了描述信息化能力的构成变量（信息技术规模、信息技术处理能力、信息技术使用频度、信息技术网络能力）与描述企业绩效的构成变量（企业服务绩效、企业财务绩效）分别的相关程度。其中，物流企业的信息技术规模与企业服务绩效、企业财务绩效的相关程度最低；物流企业的信息技术处理能力与企业服务绩效、企业财务绩效都高度相关，其中与企业服务绩效相关程度最高；物流企业的信息技术使用频度与物流企业绩效有着明显的相关关系；物流企业的信息技术网络能力对企业财务绩效的相关度最高，对企业服务绩效的相关度仅次于信息技术处理能力。

希望本部分的结论能在进行信息化建设决策时给物流企业带来一定的参考价值。本书带给物流企业管理者的建议如下：物流企业在进行信息化建设时，应该以实际业务需要、信息技术使用频度为前提，不要一味追求信息技术规模，要以集成性、系统性为建设原则，以挖掘企业信息技术网络能力、提升信息技术处理能力为目标，展开信息技术的建设与改造。

6.5　本部分小结

本部分以我国淮海经济区物流企业为调查对象，进行物流企业信息化能力与企业绩效关系的实证研究。研究首先验证了物流企业信息化能力与企业绩效存在显著正相关关系，进一步分析得出物流企业的信息技术处理能力、信息技术网络能力与企业绩效都高度相关，其中，信息技术处理能力与企业服务绩效相关程度最高，信息技术网络能力与企业财务绩效的相关程度最高，而物流企业的信息技术规模与企业服务绩效、企业财务绩效的相关程度相对较低。

7 物流企业人力资源能力与企业 绩效关系的研究

本部分以我国淮海经济区物流企业为实证研究对象，采用调查问卷方式，进行实证分析，目的在于了解我国物流企业人力资源能力与企业绩效的关系，并找到何种人力资源能力与企业绩效密切相关，以此作为我国物流企业人力资源建设决策的参考依据。

7.1 模型构建与研究设计

7.1.1 先期访谈

先期访谈即准备阶段，在此阶段，选择 5 家物流企业作为访谈对象，被访人是物流企业的高层主管。访谈内容主要是物流企业在进行企业活动时，企业所关注的人力资源能力建设问题，以及人力资源能力对物流企业绩效的影响等问题。作者对访谈内容进行总结与分析，作为理论模型与调查问卷设计与修正的依据。

7.1.2 模型构建与假设

在前期研究即第三方物流企业的能力要素构架中，已经提出人力资源能力主要包括人才储备能力、人才培养能力、团队协作能力、企业文化能力。同时，本书把描述考察变量企业绩效的构成变量确定为企业服务绩效（速度、质量、反应、顾客满意度等）与企业财务绩效。物流企业人力资源能力与企业绩效关系测量模型如图 7-1 所示。

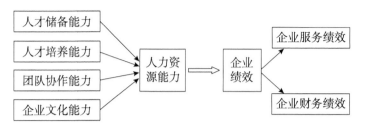

图 7-1　物流企业人力资源能力与企业绩效关系测量模型

根据图 7-1 及前述相关资料的分析，本文提出以下研究假设。

H1：人才储备能力与企业绩效的相关关系。

H1-1：人才储备能力与企业服务绩效显著正相关；

H1-2：人才储备能力与企业财务绩效显著正相关。

H2：人才培养能力与企业绩效的相关关系。

H2-1：人才培养能力与企业服务绩效显著正相关；

H2-2：人才培养能力与企业财务绩效显著正相关。

H3：团队协作能力与企业绩效的相关关系。

H3-1：团队协作能力与企业服务绩效显著正相关；

H3-2：团队协作能力与企业财务绩效显著正相关。

H4：企业文化能力与企业绩效的相关关系。

H4-1：企业文化能力与企业服务绩效显著正相关；

H4-2：企业文化能力与企业财务绩效显著正相关。

7.1.3　问卷设计与发放

基于以上研究，作者设计了调查问卷，问卷包括描述考察变量人力资源能力的 4 个构成变量，具体包括人才储备能力、人才培养能力、团队协作能力、企业文化能力。描述考察变量企业绩效的构成变量有 2 个，具体是企业服务绩效、企业财务绩效。这 6 个构成变量又分为 36 个测量项目，每个测量项目均运用李克特量表来完成测量。问卷发放对象为淮海经济区范围内的物流企业。发放形式采取了两种形式，电子邮件和直接调查，问卷发放数为 400份，其中电子邮件发放 300 份，回收了 48 份；直接调查问卷为 100 份，回收了 98 份。两种调查方式共回收问卷 146 份，回收率 36.5%。问卷以下列两种标准作为有效问卷的判断依据：①问卷题目回答量不少于 80%；②问卷答题是否有明显一致性。根据这两条标准共筛选出 127 份有效问卷，有效回收率为 31.8%。样本企业的基本特征如表 7 - 1、表 7 - 2 所示。

表 7 - 1　　　　　　　　　样本企业的基本特征 1

统计量	分类	百分比（%）	统计量	分类	百分比（%）
调查人员职务	总经理	5.6	年销售额	2 亿元以上	7.5
	副总经理	28.3		1 亿~2 亿元	32.6
	部门经理	40.7		5000 万~1 亿元（不含）	35.8
	一线员工	25.4		5000 万元以下	24.1

表 7 - 2　　　　　　　　　样本企业的基本特征 2

统计量	分类	百分比（%）	统计量	分类	百分比（%）
员工人数	500 人以上	6.6	主营业务	综合	22.8
	201~500 人	38.6		运输	35.6
	50~200 人	39.8		仓储	35.3
	50 人以下	15		增值服务	6.3

　　从本次调查的物流企业情况看，淮海经济区物流企业的规模整体不是很大，主营业务还是以运输与仓储为主，但越来越多的企业开始开展综合性物流服务业务，并有部分物流企业开始致力于物流增值服务业务的开展。

7.2　资料分析与讨论

7.2.1　信效度分析

　　（1）信度分析

　　本调查问卷中测量变量时使用的均是量表方式，且采用多项测量项目加以衡量，故各量表的信度测试皆以 Cronbach's α 系数作为判断的依据。表 7 - 3 显示本次回收的有效问卷的 Cronbach's α 系数测量值均大于 0.75，所以本书设计的量表具有较高的内部一致性与稳定性。

表 7 – 3   有效问卷的 Cronbach's α 系数测量值

考察变量	构成变量	Cronbach's α 系数	测量项目数
人力资源能力	人才储备能力	0.8027	7
	人才培养能力	0.8378	7
	团队协作能力	0.8801	6
	企业文化能力	0.8267	6
企业绩效	企业服务绩效	0.7831	5
	企业财务绩效	0.8352	5

（2）效度分析

信度虽不是效度的保证，但高信度是问卷有效度的基本条件，一份问卷如果信度不够，也就没有效度可言，表 7 – 3 显示了本书问卷具有很高的信度。另外，本书在设计过程中，进行了大量的文献分析、先期访谈、专家意见归纳和修订，因此本书问卷具有较高的效度。

7.2.2　假设检验分析

以上分析表明，本书所用问卷具有较高的信度与效度。接下来，本书使用 SPSS 13.0 工具对样本数据进行相关分析，以检验研究假设是否成立，并对结果展开分析与讨论。

本书分别对物流企业人力资源能力的构成变量人才储备能力、人才培养能力、团队协作能力、企业文化能力与企业服务绩效、企业财务绩效进行相关分析，分析结果如表 7 – 4、表 7 – 5 所示。

表 7 – 4   物流企业人力资源能力与企业服务绩效相关分析

构成变量	相关系数	双尾检验值	检验结果
人才储备能力	0.634**	0.000	显著
人才培养能力	0.661**	0.000	显著
团队协作能力	0.702**	0.000	显著
企业文化能力	0.592**	0.000	显著

注：**$P < 0.01$。

表7-5   物流企业人力资源能力与企业财务绩效相关分析

构成变量	相关系数	双尾检验值	检验结果
人才储备能力	0.622**	0.000	显著
人才培养能力	0.672**	0.000	显著
团队协作能力	0.661**	0.000	显著
企业文化能力	0.605**	0.000	显著

注：** $P < 0.01$。

表7-4、表7-5的结果分析表明以下内容。

（1）本书提出的假设得到了验证，但是各变量的相关程度不同。数据显示物流企业的企业文化能力与企业绩效存在正相关，但在4个变量中相关程度最低，物流企业的企业文化能力与企业服务绩效的相关程度低于与企业财务绩效的相关程度。

（2）物流企业的人才培养能力无论是与企业服务绩效还是与企业财务绩效都表现为高度相关，其中与企业服务绩效是4个变量中相关程度最高的。这说明物流企业的人才培养能力对企业业务活动带来的影响势必大大提升以速度、质量、反应、顾客满意度等为衡量标准的企业服务绩效。在服务水平大幅提高的过程中，也会大大提升企业的财务绩效。

（3）物流企业的人才储备能力与物流企业绩效也有着明显的相关关系。物流企业的人才储备能力为物流企业的发展提供源源不断人力资源，对企业的服务绩效与企业财务绩效做出明显的贡献。

（4）物流企业的团队协作能力对企业财务绩效的相关度仅次于人才培养能力，而对企业服务绩效的相关度位于首位。这说明物流企业的团队协作能力有效地整合了企业内部与外部活动，促使物流企业在采购、装卸、配送、运输、信息处理等多领域协同合作，产生协同效益，对企业服务绩效与企业财务绩效做出了明显的贡献。

7.3 结论与建议

本部分致力于我国物流企业人力资源能力与企业绩效的关系研究。本部分不但验证了提出的研究假设，而且给出了描述人力资源能力的构成变量（人才储备能力、人才培养能力、团队协作能力、企业文化能力）与描述企业绩效的构成变量（企业服务绩效、企业财务绩效）分别的相关程度。物流企业的人力资源能力与企业绩效存在显著正相关关系，其中，物流企业的企业文化能力与企业服务绩效、企业财务绩效的相关程度都位于最低；物流企业的团队协作能力与企业服务绩效、企业财务绩效都高度相关，其中与企业服务绩效相关程度最高；物流企业的人才储备能力与物流企业绩效有着明显的相关关系；物流企业的人才培养能力对企业服务绩效的相关度仅次于团队协作能力，而对企业财务绩效的相关度位于首位。

希望本部分结论能在进行人力资源能力建设时给物流企业带来一定的参考价值。本书给物流企业管理者的建议如下：物流企业在进行人力资源能力建设时，重视人才储备及企业文化建设的同时，应以人才培养、团队协作能力为建设重点。

7.4   本部分小结

本部分以我国淮海经济区物流企业为调查对象，进行物流企业人力资源能力与企业绩效关系的实证研究。研究首先验证了物流企业人力资源能力与企业绩效存在显著正相关关系，进一步分析得出物流企业的企业文化能力与企业服务绩效、企业财务绩效的相关程度最低；物流企业的团队协作能力与企业服务绩效、企业财务绩效都高度相关，其中与企业服务绩效相关程度最高；物流企业的人才储备能力与物流企业绩效有着明显的相关关系；物流企业的人才培养能力对企业服务绩效的相关度仅次于团队协作能力，而对企业财务绩效的相关度最高。

8 物流企业经验关系能力与企业绩效 关系的研究

本部分以我国淮海经济区物流企业为实证研究对象，采用调查问卷方式，进行实证分析，目的在于了解我国物流企业经验关系能力与企业绩效的关系，并找到何种功能的经验关系能力与企业绩效密切相关，以此作为我国物流企业经验关系能力建设决策的依据。

8.1 模型构建与研究设计

8.1.1 先期访谈

先期访谈即准备阶段，在这个阶段，选择 5 家物流企业作为访谈对象，被访人是物流企业的高层主管。访谈内容主要是物流企业在进行经验关系能力建设时所关注的经验关系问题，以及经验关系能力对物流企业绩效的影响等问题。作者对访谈内容进行总结与分析，作为理论模型与调查问卷设计与修正的依据。

8.1.2 模型构建与假设

本书在前期研究即第三方物流企业的揽接能力构架中指出，经验关系能力是指在完成企业某项活动任务时所具有的历史经验与公关能力，具体包括工作经验、成功案例、人脉关系等。同时，本书把描述考察变量企业绩效的构成变量确定为企业服务绩效（速度、质量、反应、顾客满意度等）与企业财务绩效。物流企业经验关系能力与企业绩效关系测量模型如图 8 - 1 所示。

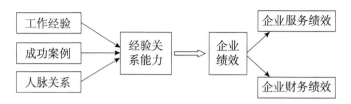

图 8 - 1 物流企业经验关系能力与企业绩效关系测量模型

根据图 8 - 1 及前述相关资料的分析，本文提出以下研究假设。

H1：工作经验与企业绩效的相关关系。

H1 - 1：工作经验与企业服务绩效显著正相关；

H1 - 2：工作经验与企业财务绩效显著正相关。

H2：成功案例与企业绩效的相关关系。

H2 - 1：成功案例与企业服务绩效显著正相关；

H2 - 2：成功案例与企业财务绩效显著正相关。

H3：人脉关系与企业绩效的相关关系。

H3 - 1：人脉关系与企业服务绩效显著正相关；

H3 - 2：人脉关系与企业财务绩效显著正相关。

8.1.3 问卷设计与发放

基于以上研究，作者设计了调查问卷，问卷包括描述考察变量经验关系能力的 3 个构成变量，具体为工作经验、成功案例、人脉关系。描述考察变量企业绩效的 2 个构成变量，具体是企业服务绩效、企业财务绩效。这 5 个构成变量又分为 29 个测量项目，每个测量项目均运用李克特量表完成测量。问卷发放对象为淮海经济区范围内的物流企业，发放形式采取了两种形式，即电子邮件和直接调查，问卷发放数为 400 份，其中电子邮件发放 300 份，回收了 48 份；直接调查问卷发放 100 份，回收了 98 份。两种调查方式共回收问卷 146 份，回收率 36.5%。问卷以下列两种标准筛选是否为有效问卷：①问卷题目回答量不少于 80%；②问卷答题是否有明显一致性。根据这两条标准共筛选出 127 份有效问卷，有效回收率为 31.8%。样本企业的基本特征如表 8 - 1、表 8 - 2 所示。

表 8 – 1			样本企业的基本特征 1		
统计量	分类	百分比（%）	统计量	分类	百分比（%）
员工人数	500 人以上	6.6	主营业务	综合	22.8
	201 ~ 500 人	38.6		运输	35.6
	50 ~ 200 人	39.8		仓储	35.3
	50 人以下	15		增值服务	6.3

表 8 – 2			样本企业的基本特征 2		
统计量	分类	百分比（%）	统计量	分类	百分比（%）
调查人员职务	总经理	5.6	年销售额	2 亿元以上	7.5
	副总经理	28.3		1 亿 ~ 2 亿元	32.6
	部门经理	40.7		5000 万 ~ 1 亿元（不含）	35.8
	一线员工	25.4		5000 万元以下	24.1

从本次调查的物流企业情况看，淮海经济区物流企业的规模整体不是很大，主营业务还是以运输与仓储为主，但越来越多的企业开始开展综合性物流服务业务，并有部分物流企业开始致力于物流增值服务业务的开展。

8.2　资料分析与讨论

8.2.1　信效度分析

（1）信度分析

本调查问卷中测量变量时使用的均是量表方式，且采用多项测量项目加以衡量，故各量表的信度测试皆以 Cronbach's α 系数作为判断的依据。表 8 – 3 显示本次回收的有效问卷的 Cronbach's α 系数测量值均大于 0.75，所以本书设计的量表具有较高的内部一致性与稳定性。

表 8 – 3   问卷的 Cronbach's α 系数测量值

考察变量	构成变量	Cronbach's α 系数	测量项目数
经验关系能力	工作经验	0.8265	6
	成功案例	0.8366	7
	人脉关系	0.8532	6
企业绩效	企业服务绩效	0.7681	5
	企业财务绩效	0.8380	5

（2）效度分析

信度虽不是效度的保证，但高信度是问卷有效度的基本条件，一份问卷如果信度不够，也就没有效度可言，表 8 – 3 显示了本书问卷具有很高的信度。另外，本书在设计过程中，进行了大量的文献分析、先期访谈、专家意见归纳和修订，因此本书问卷具有较高的效度。

8.2.2　假设检验分析

以上分析表明，本书所用问卷具有较高的信度与效度。接下来，本书使用 SPSS 13.0 工具对样本数据进行相关分析，以检验研究假设是否成立，并对结果展开分析与讨论。

本书分别对物流企业经验关系能力的构成变量工作经验、成功案例、人脉关系与企业服务绩效、企业财务绩效进行相关分析，分析结果如表 8 – 4、表 8 – 5 所示。

表 8 – 4   物流企业经验关系能力与企业服务绩效相关分析

构成变量	相关系数	双尾检验值	检验结果
工作经验	0.755 **	0.000	显著
成功案例	0.761 **	0.000	显著
人脉关系	0.602 **	0.000	显著

注：** $P < 0.01$。

表 8 - 5　　　　　　物流企业经验关系能力与企业财务绩效相关分析

构成变量	相关系数	双尾检验值	检验结果
工作经验	0.672**	0.000	显著
成功案例	0.652**	0.000	显著
人脉关系	0.641**	0.000	显著

注：** $P < 0.01$。

表 8 - 4、表 8 - 5 的结果分析说明了以下内容。

（1）本书提出的假设得到了验证，但是各变量的相关程度不同。数据显示物流企业的人脉关系与企业绩效存在显著正相关，但在 3 个变量中相关程度最低，物流企业的人脉关系与企业服务绩效的相关程度低于与企业财务绩效的相关程度。

（2）物流企业的工作经验无论是与企业服务绩效还是与企业财务绩效都表现为高度相关，其中与企业财务绩效是 3 个变量中相关程度最高的一个。这说明，我国物流企业的工作经验，对企业绩效还是非常关键的。这也说明我国第三方物流企业的业务革新度不够。

（3）物流企业的成功案例对企业财务绩效的相关度仅次于工作经验，而对企业服务绩效的相关度位于首位。这说明物流企业的成功案例能对市场释放强大的信息，增加物流企业的认知度与品牌号召力，从而对企业的服务绩效与企业财务绩效做出明显的贡献。

8.3　结论与建议

本部分致力于我国物流企业经验关系能力与企业绩效的关系研究。本书不仅验证了提出的研究假设，而且给出了描述经验关系能力的构成变量（工作经验、成功案例、人脉关系）与描述企业绩效的构成变量（企业服务绩效、企业财务绩效）分别的相关程度。物流企业的经验关系能力与企业绩效存在显著正相关关系，其中，物流企业的人脉关系与企业服务绩效、企业财务绩效的相关程度最低；物流企业的成功案例与企业服务绩效、企业财务绩效都高度相关，其中与企业服务绩效相关程度最高；物流企业的工作经验与物流企业绩效有着明显的相关关系，对企业服务绩效的相关度仅次于成功案例，而对企业财务绩效的相关度居首位。

希望本部分结论能在进行经验关系能力建设时给物流企业带来一定的参考价值。本部分带给物流企业管理者的建议如下：物流企业在进行经验关系能力建设时，重视人脉关系与工作经验积累的同时，要注意打造几个开展业务时的成功案例，这会极大提升企业的市场形象，进而获取良好的企业绩效。

8.4　本部分小结

本部分以我国淮海经济区物流企业为调查对象，进行物流企业经验关系能力与企业绩效关系的实证研究。研究首先验证了物流企业经验关系能力与企业绩效存在显著正相关关系。进一步分析得出物流企业的人脉关系与企业服务绩效、企业财务绩效的相关程度最低；物流企业的成功案例与企业服务绩效、企业财务绩效都高度相关，其中与企业服务绩效相关程度最高；物流企业的工作经验与物流企业绩效有着明显的相关关系，对企业服务绩效的相关度仅次于成功案例，而对企业财务绩效的相关度最高。

9　结论与对策建议

本书提出了如下问题：揽接制造企业物流外包业务的第三方物流能力要素有哪些；这些能力要素能否满足制造企业的物流需求；这些能力要素中哪种能力要素对第三方物流的企业绩效影响更大；第三方物流应该更具针对性地提高哪些能力呢；等等。

为了回答这些问题，本书首先通过文献和理论梳理，提出了制造企业的物流外包需求框架。其次，基于物流需求方即制造企业视角，构建了第三方物流能力要素模型，并对第三方物流能力要素进行了相关评价，找到其与制造企业的物流需求之间的差距。本书构建了第三方物流能力要素与企业绩效关系测量模型，对第三方物流各项能力要素与企业绩效关系程度分别进行了具体分析研究，回答了第三方物流能力要素中哪种能力要素对企业绩效影响更大的问题，进而提出了第三方物流能力提升的对策建议。

9.1　第三方物流能力要素的提升对策

通过研究分析，本书为我国第三方物流如何提高揽接能力提出如下对策及建议。

（1）加强第三方物流企业信息化建设。提高第三方物流信息化处理能力与信息化网络能力，把外延式扩张转化为内涵建设的增长，并打破"外包业务属于低端揽接业务"这种观念。第三方物流企业应提高技术处理能力和信息化能力，增强企业的精益服务水平，开拓附加值高的、具有创新性的高端物流服务业务。本次调查发现有部分第三方物流企业依托较高的技术能力与创新优势，取得了制造企业的青睐，从而揽接了制造企业较为高端的物流业务。

（2）增强第三方物流企业从业人员素质。第三方物流企业从业人员素质不够高，是制约我国第三方物流持续快速发展的基础性因素。对此，物流企业一方面要不断加强同我国高等院校物流相关专业的合作，加大毕业生的招聘力度，摒弃"物流从业人员主要靠工作经验"这一错误认识，加大对物流高端技术人才的吸收与储备；另一方面，物流企业要实施企业员工培训计划，加强物流专业知识与管理知识的培训，建立一套科学的人才培养机制。

（3）注重第三方物流企业的企业文化建设。企业文化是一个企业持续发展、企业人员不断进步的内在驱动力。企业一方面要增强员工对企业价值观的认同教育，另一方面要制定各种激励政策，增强员工的团队协作精神与能力，从而增强员工对企业的归属感，调动员工的工作积极性与主动性，使员工真正成为驱动企业发展的内部动力。

9.2 物流企业成本节约能力与企业绩效的关系程度

本书以我国淮海经济区物流企业为调查对象，进行了物流企业成本节约能力与企业绩效关系的实证研究。研究首先验证了物流企业成本节约能力与企业绩效存在显著正相关关系，进一步分析得出物流企业的运输成本节约能力与企业服务绩效、企业财务绩效都高度相关，其中与企业服务绩效相关程度最高，物流企业的物流管理成本节约能力对企业服务绩效的相关度仅次于运输成本节约能力。

本书致力于我国物流企业成本节约能力与企业绩效的关系研究。通过以上研究，本书不但验证了提出的所有研究假设，而且给出了描述成本节约能力的构成变量（运输成本节约能力、仓储成本节约能力、逆向物流成本节约能力、物流管理成本节约能力）与描述企业绩效的构成变量（企业服务绩效、企业财务绩效）分别的相关程度。物流企业成本节约能力与企业绩效存在显著正相关关系。

希望本书结论能在进行成本管理变革决策时给物流企业带来一定的参考价值。本书给物流企业管理者的建议如下：物流企业在进行成本管理变革时，应在运输成本节约能力、仓储成本节约能力、逆向物流成本节约能力、物流管理成本节约能力等方面进行系统设计与优化。

9.3 物流企业技术处理能力与企业绩效的关系程度

本书以我国淮海经济区物流企业为调查对象，进行物流企业技术处理能力与企业绩效关系的实证研究。研究首先验证了物流企业技术处理能力与企业绩效存在显著正相关关系，进一步分析得出在 3 个变量中，物流企业的基础设施能力与企业绩效正相关性最小，物流企业的服务交付能力对企业的服务绩效与企业财务绩效的相关度最高，物流企业的技术组合能力对企业的服务绩效与企业财务绩效的相关度仅次于服务交付能力。

本书致力于我国物流企业技术处理能力与企业绩效的关系研究。通过以上研究，本书不但验证了提出的所有研究假设，而且给出了描述技术处理能力的构成变量（基础设施能力、服务交付能力、技术组合能力）与描述企业绩效的构成变量（企业服务绩效、企业财务绩效）分别的相关程度。数据显示物流企业的基础设施能力与企业绩效存在显著的正相关，但在 3 个变量中相关程度最低，物流企业的基础设施能力与企业服务绩效的相关程度低于与企业财务绩效的相关程度。

结果分析说明，物流企业的服务交付能力无论是与企业服务绩效还是与企业财务绩效的相关性都表现为最高，这说明物流企业的服务交付能力是物流企业速度、质量、反应、顾客满意度等企业服务绩效的最重要因素，在服务水平大幅提高的过程中，也会大大提升企业的财务绩效。

由结果分析还可以看出，物流企业的技术组合能力对企业的服务绩效与企业财务绩效的相关度仅次于服务交付能力，这说明物流企业的技术组合能力能有效地整合企业内部技术与外部技术，促使物流企业在采购、装卸、配送、运输、信息处理、服务等多领域的技术得到整合，从而对企业服务绩效与企业财务绩效做出明显的贡献。

希望本书结论能在进行技术处理能力建设时给物流企业带来一定的参考价值。本书给物流企业管理者的建议如下：物流企业在进行技术处理能力建设时，应特别加强企业的服务交付能力、技术组合能力建设。

9.4 物流企业信息化能力与企业绩效的关系程度

本书以我国淮海经济区物流企业为调查对象，进行物流企业信息化能力与企业绩效关系的实证研究。研究首先验证了物流企业信息化能力与企业绩效存在显著正相关关系，进一步分析得出物流企业的信息技术处理能力、信息技术网络能力与企业绩效都高度相关，其中，信息技术处理能力与企业服务绩效相关程度最高，信息技术网络能力与企业财务绩效的相关程度最高，而物流企业的信息技术规模与企业服务绩效、企业财务绩效的相关程度相对较低。

本书致力于我国物流企业信息化能力与企业绩效的关系研究。本书不但验证了提出的所有研究假设，而且给出了描述信息化能力的构成变量（信息技术规模、信息技术处理能力、信息技术使用频度、信息技术网络能力）与描述企业绩效的构成变量（企业服务绩效、企业财务绩效）分别的相关程度。其中，物流企业的信息技术规模与企业服务绩效、企业财务绩效的相关程度最低；物流企业的信息技术处理能力与企业服务绩效、企业财务绩效都高度相关，其中与企业服务绩效相关程度最高；物流企业的信息技术使用频度与物流企业绩效有着明显的相关关系；物流企业的信息技术网络能力对企业财务绩效的相关度最高，对企业服务绩效的相关度仅次于信息技术处理能力。

希望本书结论能在进行信息化建设决策时给物流企业带来一定的参考价值。本书带给物流企业管理者的建议如下：物流企业在进行信息化建设时，应该以实际业务需要、信息技术使用频度为前提，不要一味追求信息技术规模，要以集成性、系统性为建设原则，以挖掘企业信息技术网络能力、提升信息技术处理能力为目标，展开信息技术的建设与改造。

9.5 物流企业人力资源能力与企业绩效的关系程度

本书以我国淮海经济区物流企业为调查对象，进行物流企业人力资源能力与企业绩效关系的实证研究。研究首先验证了物流企业人力资源能力与企业绩效存在显著正相关关系，进一步分析得出物流企业的企业文化能力与企业服务绩效、企业财务绩效的相关程度最低；物流企业的团队协作能力与企业服务绩效、企业财务绩效都高度相关，其中与企业服务绩效相关程度最高；物流企业的人才储备能力与物流企业绩效有着明显的相关关系；物流企业的人才培养能力对企业服务绩效的相关度仅次于团队协作能力，而对企业财务绩效的相关度最高。

本书致力于我国物流企业人力资源能力与企业绩效的关系研究。本书不但验证了提出的研究假设，而且给出了描述人力资源能力的构成变量（人才储备能力、人才培养能力、团队协作能力、企业文化能力）与描述企业绩效的构成变量（企业服务绩效、企业财务绩效）分别的相关程度。物流企业的人力资源能力与企业绩效存在显著正相关关系，其中，物流企业的企业文化能力与企业服务绩效、企业财务绩效的相关程度均最低；物流企业的团队协作能力与企业服务绩效、企业财务绩效都高度相关，其中与企业服务绩效相关程度最高；物流企业的人才储备能力与物流企业绩效有着明显的相关关系；物流企业的人才培养能力对企业服务绩效的相关度仅次于团队协作能力，而对企业财务绩效的相关度居首位。

希望本书结论能在进行人力资源能力建设时给物流企业带来一定的参考价值。本书给物流企业管理者的建议如下：物流企业在进行人力资源能力建设时，重视人才储备及企业文化建设的同时，应以人才培养、团队协作能力为建设重点。

9.6　物流企业经验关系能力与企业绩效的关系程度

本书以我国淮海经济区物流企业为调查对象，进行物流企业经验关系能力与企业绩效关系的实证研究。研究首先验证了物流企业经验关系能力与企业绩效存在显著正相关关系，进一步分析得出物流企业的人脉关系与企业服务绩效、企业财务绩效的相关程度最低；物流企业的成功案例与企业服务绩效、企业财务绩效都高度相关，其中与企业服务绩效相关程度最高；物流企业的工作经验与物流企业绩效有着明显的相关关系，对企业服务绩效的相关度仅次于成功案例，而对企业财务绩效的相关度最高。

本书致力于我国物流企业经验关系能力与企业绩效的关系研究。本书不仅验证了提出的研究假设，而且给出了描述经验关系能力的构成变量（工作经验、成功案例、人脉关系）与描述企业绩效的构成变量（企业服务绩效、企业财务绩效）分别的相关程度。物流企业的经验关系能力与企业绩效存在显著正相关关系，其中，物流企业的人脉关系与企业服务绩效、企业财务绩效的相关程度最低；物流企业的成功案例与企业服务绩效、企业财务绩效都高度相关，其中与企业服务绩效相关程度最高；物流企业的工作经验与物流企业绩效有着明显的相关关系，对企业服务绩效的相关度仅次于成功案例，而对企业财务绩效的相关度居首位。

希望本书结论能在进行经验关系能力建设时给物流企业带来一定的参考价值。本书带给物流企业管理者的建议如下：物流企业在进行经验关系能力建设时，重视人脉关系与工作经验积累的同时，要注意打造几个开展业务时的成功案例，这会极大提升企业的市场形象，进而获取良好的企业绩效。

参 考 文 献

［1］陆大道．区位论及区域研究方法［M］．北京：科学出版社，1988．

［2］郭志刚．社会统计分析方法——SPSS 软件应用［M］．北京：中国人民大学出版社，1999．

［3］魏权龄．评价相对有效性的 DEA 方法——运筹学的新领域［M］．北京：中国人民大学出版社，1988．

［4］盛昭瀚，朱乔，吴广谋．DEA 理论、方法与应用［M］．北京：科学出版社，1996．

［5］H．哈肯．协同学讲座［M］．宁存政，李应刚，译．西安：陕西科学技术出版社，1987．

［6］王维国．协调发展的理论与方法研究［M］．北京：中国财政经济出版社，2000．

［7］袁嘉祖，张颖，童艳．经济控制论基础及其应用［M］．北京：高等教育出版社，2004．

［8］中国物流与采购联合会，中国物流学会．中国物流发展报告（2010—2011）［M］．北京：中国物资出版社，2011．

［9］熊彼特．经济发展理论——对于利润、资本、信贷、利息和经济周期的考察［M］．何畏，易家详，等，译．北京：商务印书馆，2020．

［10］H．哈肯．协同学——引论：物理学、化学和生物学中的非平衡相变和自组织［M］．徐锡申，陈式刚，陈雅深，等，译．北京：原子能出版社，1984．

［11］波特．国家竞争优势［M］．李明轩，邱如美，译．北京：中信出版社，2012．

附录

附录A　面向制造企业需求的第三方物流揽接能力调查问卷

您好，非常感谢您花费宝贵的时间和精力填写这份问卷！

这是一份学术性的研究问卷，本次调查对象是与第三方物流企业合作的制造企业，目的在于研究面向制造企业需求的第三方物流企业的揽接能力。您的真实回答没有对错之分，并且对于本次研究成果有着重要的作用，调查结果仅限于本次研究所用。未经您允许，所有问卷信息不会外泄，我们将严格保密。感谢您的合作与支持！

请尽量根据实际情况回答所有问题，任何地方的错漏都有可能导致问卷无法使用。

		完全不同意	不同意	无明显态度	同意	完全同意
		1	2	3	4	5
	运输成本节约能力					
成本节约能力	通过物流外包可以节约运输人工费					
	通过物流外包可以降低装卸、搬运费					
	通过物流外包可以节约运输车辆购置费					
	通过物流外包可以节约运输营运费，如营运车辆燃料费、折旧、公路运输管理费等					
	通过物流外包可以整体上降低运输成本					

续 表

		完全不同意	不同意	无明显态度	同意	完全同意
		1	2	3	4	5
成本节约能力	仓储成本节约能力					
	通过物流外包可以节约建造、购买仓库设施设备费					
	通过物流外包可以降低仓库设施设备的租赁费					
	通过物流外包可以降低仓储作业成本					
	通过物流外包可以整体上降低仓储成本					
	逆向物流成本节约能力					
	通过物流外包可以降低退货的收集、分类成本					
	通过物流外包可以降低退货的检查、分割成本					
	通过物流外包可以降低退货的再使用、再生产费用					
	通过物流外包可以降低退货的再循环、再分销费用					
	通过物流外包可以降低废弃物处理费用					
	物流管理成本节约能力					
	通过物流外包可以降低物流管理所发生的差旅费、会议费、交际费					
	通过物流外包可以降低物流管理信息系统购置费、安装费和维护费					
	通过物流外包可以降低物流管理信息系统的运营升级和使用费					
	通过物流外包可以整体上降低物流管理成本					
技术处理能力	基础设施能力					
	基础设施的投资额决定物流效率					
	现代物流服务企业拥有现代化的服务设施					
	基础设施决定物流的技术处理能力					
	服务交付能力					
	货物的准确到达是物流企业追求的目标					

第三方物流能力要素与企业绩效关系

续　表

		完全不同意	不同意	无明显态度	同意	完全同意
		1	2	3	4	5
技术处理能力	降低货物的破损率是服务的重要目标					
	效率是物流服务的根本宗旨					
	技术组合能力					
	多种物流管理技术组合运用的能力影响物流外包决策					
	物流流程中的技术掌握缺一不可					
	物流效率取决于企业内部外部技术组合					
	技术组合带给企业最高效的物流服务					
信息化能力	信息化规模能力					
	企业物流信息处理规模小适合选择物流外包					
	企业物流信息处理规模大适合选择物流外包					
	企业物流信息处理规模不是影响物流外包的因素					
	信息化处理能力					
	通过物流外包可以提高订单处理的准确性和及时性					
	通过物流外包可以提高货物出入库信息的准确性和库存信息更新的及时性					
	通过物流外包可以提高货物在库信息的处理、分析等管理水平					
	通过物流外包可以提高运输网络监控信息的处理与反馈					
	通过物流外包能够降低企业物流信息处理费用					
	信息化频度能力					
	企业每日物流信息处理频度低适合选择物流外包					
	企业每日物流信息处理频度中等适合选择物流外包					
	企业每日物流信息处理频度高适合选择物流外包					
	企业每日物流信息处理频度不是影响物流外包的因素					

	完全不同意	不同意	无明显态度	同意	完全同意
	1	2	3	4	5
信息化能力 信息化网络能力					
物流数据采集的自动化、批量化与代码化程度影响物流外包决策					
物流数据整理的自动化与电子化程度影响物流外包决策					
物流数据传递的规范化程度影响物流外包决策					
物流大数据的商品化程度影响物流外包决策					
人力资源能力 人才储备能力					
选择物流外包是因为本企业缺乏熟悉物流企业运作的人才					
选择物流外包是因为本企业缺乏高级物流管理人才					
选择物流外包是因为本企业缺乏熟悉物流操作的员工					
选择物流外包是因为本企业缺乏具有物流相关专业专科以上学历的人才					
人才培养能力					
企业缺乏合适的物流人才培养对象制约了物流外包					
物流人才培养周期长、培养结果的不可控性制约了物流外包					
通过物流外包可以降低物流人才培养没有达到预期目标的风险					
通过物流外包可以降低物流人才培养费用					
通过物流外包可以降低企业物流人才培养要求					
团队协作能力					
企业与物流服务商总能为实现共同的目标齐心协力					
在外包计划实施过程中，如果出现问题，双方会共同决策以找到适当的解决办法					

		完全不同意	不同意	无明显态度	同意	完全同意
		1	2	3	4	5
人力资源能力	企业与物流服务商能彼此充分尊重					
	企业与物流服务商会随时通知可能对对方造成影响的事件或变化					
	企业与物流服务商会经常进行面对面的计划和沟通					
	企业文化能力					
	物流服务商与企业管理风格的不同会制约物流外包决策					
	物流服务商与企业的行政管理制度差异会制约物流外包决策					
	物流服务商与企业的价值观取向差异会制约物流外包决策					
经验关系能力	工作经验					
	选择物流外包会考虑物流服务商从事专业物流服务的年限					
	选择物流外包会考虑物流服务商的客户数量、类型、规模大小及所处行业					
	物流服务商的订单处理准确率、库存信息准确率、车辆满载率等物流运作指标影响物流外包决策					
	物流服务商在物流服务供需市场具有较高信誉和良好口碑					
	成功案例					
	选择物流外包会考虑物流服务商是否有为大型企业提供物流服务的成功案例					
	选择物流外包会考虑物流服务商是否有为大型企业提供个性化物流解决方案的成功案例					

续　表

	完全不同意	不同意	无明显态度	同意	完全同意
	1	2	3	4	5
选择物流外包会考虑物流服务商是否有处理应急物流的成功案例					
选择物流外包会考虑物流服务商与其客户是否为长期的战略合作关系					
人脉关系					
物流服务商与相关政府部门具有良好关系，并承担政府物流改革项目、试点项目或示范工程等，将影响企业物流外包决策					
物流服务商与科研机构有紧密的合作关系，将影响企业物流外包决策					
物流服务商与行业协会具有良好关系，将影响企业物流外包决策					

（经验关系能力）

附录 B　物流企业能力与绩效调查问卷

您好，非常感谢您在百忙之中抽出时间来填写这份问卷！

本次调查是为了深入了解影响物流企业能力与绩效的要素，以及物流企业能力与其绩效的关系，以提升物流企业能力建设及绩效水平，更好地契合制造企业对物流服务的需求，请结合您宝贵的实践经验填写问卷，衷心感谢您的配合。

在正式回答相关问题前，请您先填写一些基本信息。

企业名称				所有制性质	
成立时间		年末从业人数		销售收入（万元）	
贵企业的主营业务					
贵企业的自营网络覆盖范围					
联系人		职务		联系电话	
电子邮箱				传真	
通信地址				邮编	

第一部分　物流企业能力状况调查

问卷填写说明：请根据企业的实际情况，对每个指标打分，1 表示完全不认同，2 表示基本不认同，3 表示不认同，4 表示基本认同，5 表示完全认同。

一、成本节约能力状况调查

（一）运输成本节约能力

项目	1	2	3	4	5
在满足客户服务需要的前提下，贵企业可运用运输管理系统（TMS）将小批量分次付运适当合并为较大批量一次付运					
贵企业实现了运输包装合理化和标准化					
利用全球定位系统，贵企业能实时掌握运输车辆的情况					
贵企业利用运输管理系统，进行配车计划管理，提高了装载率和车辆运行管理效率					
与同行企业相比，贵企业基本采用直达运输，二次运输比例低					
与同行企业相比，贵企业能够较好地控制运输过程中的风险					
贵企业已经实现通过运输管理系统，进行车辆调度和运输路线优化					

（二）仓储成本节约能力

项目	1	2	3	4	5
贵企业有健全的仓储制度，仓储各环节的效率高					
贵企业已采取有效的储存定位系统					
贵企业运用现代化的储存保养技术，储存货物的质量完好、数量准确					
贵企业能对库存物品进行重点管理和库存安排，保管效率高于行业平均水平					
贵企业已经实现了从入库到出库的全流程可视，实现了对货物的远程感知与操控，以及仓库管理策略定制等更深层次的能力					
与同行企业相比，贵企业仓库内部管理日常开支更低					

项目	1	2	3	4	5
与同行企业相比，贵企业的库存量控制能力较强					
与同行企业相比，贵企业仓库利用率高，减少了不必要的费用					
与同行企业相比，贵企业利用智能化设备，使盘点的失误率更低					

（三）逆向物流成本节约能力

项目	1	2	3	4	5
贵企业具有有效的逆向物流处理流程，对退货进行分类、处理					
贵企业拥有有效的逆向物流信息系统和运营管理系统					
贵企业通过加强内部沟通和外部合作，使逆向物流得到有效管理					
贵企业设有专门的退货中心，对退货实行集约化处理，具有处理逆向物流的综合能力					

（四）物流管理成本节约能力

项目	1	2	3	4	5
贵企业能够利用信息化网络降低物流场所的现场管理费用					
贵企业全面推进无纸化办公，降低了管理成本					
贵企业实施电子化采购，缩短了订单周期，降低了管理成本					
贵企业利用信息化网络使配送中心、仓库、物流网点等场所的人工费、场地费得到合理控制					
贵企业通过信息化网络实现了收发货流程管理的自动化和科学化，显著降低了物流管理成本					

二、技术处理能力状况调查

（一）基础设施能力

项目	1	2	3	4	5
贵企业拥有完善且先进的物流装卸搬运机械、运输工具、包装工具、简单流通加工机械等设施设备					
与同行企业相比，贵企业办公自动化程度高					
与同行企业相比，数据库的版本高					
与同行企业相比，每百人计算机拥有量更多					
与同行企业相比，信息化资产占固定资产比重高					
与同行企业相比，本企业物流基础设施与运输系统的协调程度更高					

（二）服务交付能力

项目	1	2	3	4	5
贵企业能及时准确地为客户提供所承诺的物流技术服务					
贵企业能够及时接待客户并提供相应物流服务					
贵企业能够及时处理客户的投诉，并改进相应物流服务质量					

（三）技术组合能力

项目	1	2	3	4	5
通过技术组合工具整合资源，物流业务协同和网络联动水平高					
通过技术组合，提升了物流业务协同和网络联动的安全控制能力					
通过技术组合，提升了物流业务协同和网络联动的协调监管水平					

三、信息化能力状况调查

（一）信息化规模能力

项目	1	2	3	4	5
贵企业能够为客户提供详细的物流查询和跟踪信息					
贵企业的信息技术支持与供应商和客户之间的广泛信息交流					
贵企业实现了与重要合作伙伴间的关键技术、财务、运作和战略数据的交换					
贵企业内物流信息系统与其他信息系统之间能够进行有效的连接					

（二）信息化处理能力

项目	1	2	3	4	5
贵企业对相关物流信息具有较强的收集、处理和管理能力					
贵企业具备及时响应和可用格式下供应链上的数据交换能力					
贵企业物流信息系统具有更新信息、保持系统稳定性的能力					

（三）信息化频度能力

项目	1	2	3	4	5
贵企业物流跟踪技术已经得到全面应用					
贵企业物流信息交换技术已经普遍用于供应商和客户之间					
与同行企业相比，贵公司的物流作业电子化率更高					
与同行企业相比，贵企业与合作伙伴的信息共享程度更高					
与同行企业相比，贵企业信息化手段应用率更高					

项目	1	2	3	4	5
与同行企业相比，贵企业管理信息系统的使用率更高					
与同行企业相比，贵企业物流信息识别采集技术应用率更高					
与同行企业相比，贵企业物流平台利用率更高					

（四）信息化网络能力

项目	1	2	3	4	5
贵企业已经完成了对物流信息化相关硬件、软件和网络的投资建设					
与同行企业相比，贵企业信息化网络覆盖区域更广					
与同行企业相比，贵企业网上业务成交率高					
依托信息化网络，贵企业网络营销应用率得到显著提高					
依托信息化网络，贵企业决策的信息化水平得到有效提升					
与同行企业相比，贵企业客户保持率更高					
与同行企业相比，贵企业的存货周转率更高					

四、人力资源能力状况调查

（一）人才储备能力

项目	1	2	3	4	5
本企业建立了完善的人才储备工作计划					
实施关键储备人才成长计划					
建立了关键岗位人才储备和专门技术人才储备库					
具备完备的人才招聘、培养和晋升制度					

（二）人才培养能力

项目	1	2	3	4	5
贵企业具有完善的人才培养方案					
贵企业具有动态调整的人才素质和能力培训的课程体系					
贵企业重视员工的职业生涯发展规划					
贵企业具有较好的晋升制度					
贵企业的绩效考核制度较合理					
贵企业的薪酬制度较完善					

（三）团队协作能力

项目	1	2	3	4	5
贵企业内部物流管理部门与其他部门具有良好的协调合作关系					
与同行企业相比，贵企业与合作伙伴的团结互助程度更高					
与同行企业相比，贵企业与合作伙伴的信任度更高					
与同行企业相比，贵企业的关系处理能力更强					
贵企业与合作伙伴有强烈的团队协作意识					

（四）企业文化能力

项目	1	2	3	4	5
员工对任务的认知、行为模式与贵企业整体形象的关联性高					
贵企业服务形象的宣传有力					
贵企业服务形象统一					
贵企业有较强的品牌影响力					

五、经验关系能力状况调查

（一）工作经验

项目	1	2	3	4	5
贵企业的从业年限在 15 年以上					
与国内大型综合物流企业进行过合作（5 家以上选 5）					
与国际大型综合物流企业进行过合作（3 家以上选 5）					

（二）成功案例

项目	1	2	3	4	5
能够按照客户的特殊要求或特殊情况，制订特殊的物流方案					
企业通过供应链协作，能提供更好的物流服务					

（三）人脉关系

项目	1	2	3	4	5
贵企业与上下游的生产企业、销售企业保持长期的合作关系					
贵企业与重点客户的互动往来密切					
贵企业与物流行业内的领军企业具有密切的互动合作关系					

第二部分　物流企业绩效状况调查

请根据企业的实际情况，对每个指标打分，1 表示完全不认同，2 表示基本不认同，3 表示不认同，4 表示基本认同，5 表示完全认同。

一、物流企业服务绩效状况调查

（一）速度

项目	1	2	3	4	5
与同行企业相比，贵企业将货物交付客户手中的及时性更好					
与同行企业相比，贵企业的即时供货率更高					
与同行企业相比，贵企业的客户响应时间更短					

（二）质量

项目	1	2	3	4	5
与同行企业相比，贵企业货物发送的准确率更高					
与同行企业相比，贵企业货物发送的完好率更高					
与同行企业相比，贵企业货物出现损伤的概率更低					
与同行企业相比，贵企业完美订单完成率更高					

（三）反应

项目	1	2	3	4	5
与同行企业相比，贵企业对突然增加的需求具有快速响应的能力					
与同行企业相比，贵企业适应产品设计更改或产量变化的能力更强					
与同行企业相比，贵企业在旺季销售波动时运力的适应能力较强					
与同行企业相比，贵企业在遇到天气等意外情况时完成任务的能力更强					
与同行企业相比，贵企业物流系统对突发状况的响应和处理时间更短					

（四）顾客满意度

项目	1	2	3	4	5
与同行企业相比，近两年贵企业的客户忠诚度更高					
与同行企业相比，贵企业的客户抱怨率更低					
与同行企业相比，近两年贵企业客户服务创新能力更强					
与同行企业相比，近两年贵企业市场占有率有所提升					

二、物流企业财务绩效状况调查

项目	1	2	3	4	5
与同行企业相比，近两年贵企业的总资产增长率上升更快					
与同行企业相比，近两年贵企业的利润率增长更多					
与同行企业相比，近两年贵企业的资产回报率增长更多					
与同行企业相比，近两年贵企业的投资收益率更高					
与同行企业相比，近两年贵企业的企盈利能力更强					